BEITRÄGE ZUR NEUEREN GESCHICHTE ÖSTERREICHS

Herausgegeben von
Bertrand Michael Buchmann

BAND 30

PETER LANG

Schattendorf 1938–1955

Peter Bierbaum

# Schattendorf 1938–1955

‚Volksgemeinschaft' und Besatzung am Beispiel
einer burgenländischen Grenzgemeinde

PETER LANG

**Bibliografische Information der Deutschen Nationalbibliothek**
Die Deutsche Nationalbibliothek verzeichnet diese Publikation
in der Deutschen Nationalbibliografie; detaillierte bibliografische
Daten sind im Internet über http://dnb.d-nb.de abrufbar.

ISSN 0947-2355
ISBN 978-3-631-86732-7 (Print)
E-ISBN 978-3-631-86746-4 (E-PDF)
E-ISBN 978-3-631-86747-1 (EPUB)
DOI 10.3726/b19059

© Peter Lang GmbH
Internationaler Verlag der Wissenschaften
Berlin 2022
Alle Rechte vorbehalten.

Peter Lang – Berlin · Bern · Bruxelles · New York ·
Oxford · Warszawa · Wien

Diese Publikation wurde begutachtet.

www.peterlang.com

*für meine Familie*

# Vorwort des Herausgebers

Aufzuzeigen, wie sich die „große Geschichte" eines Staates auf der untersten Ebene eines Dorfes widerspiegelt, bietet dem Forscher ein anregendes Betätigungsfeld. Offenbart doch die deduktive Methode Einblicke in Kleinstrukturen, die sich viel näher an der tatsächlich erlebten Wirklichkeit früherer Zeiten bewegen und daher wertvolle Hinweise auf den Alltag der Menschen liefern. Dieser Aufgabe hat sich der Verfasser der vorliegenden Studie unterzogen, indem er den von der Politik oftmals missbräuchlich verwendeten Begriff der ‚Volksgemeinschaft' einer näheren Analyse unterzog und auf die Jahre 1938 bis 1955 in der burgenländischen Grenzgemeinde Schattendorf herunterbrach. Die Forschungsfrage lautet: Wie haben das Volksgemeinschaftskonzept der Schuschnigg-Diktatur und Hitlers Nationalsozialismus den Alltag der Dorfbewohner beeinflusst? Insbesondere wurde der Frage nachgegangen, wie der Glaube an die propagierte ‚Volksgemeinschaft' nach dem „Anschluss" ideologisch gefestigt werden sollte, wie dieser Glaube gegen Kriegsende in sich zusammenfiel und sich angesichts der Besatzung durch die Rote Armee unter ganz anderen Vorzeichen neu belebte.

Der Leser wird anfangs mit dem Alltagsleben in Schattendorf vor und nach dem Anschluss konfrontiert und anschließend mit methodischen Überlegungen vertraut gemacht. Viele Quellen aus dem Burgenländischen Landesarchiv, aus dem Gemeindearchiv, aus dem Schul- sowie dem Pfarramtsarchiv dienen ebenso der plastischen Darstellung wie die damals aktuellen Zeitungsartikel und vor allem die Zeitzeugenbefragung (Oral History). Wobei zu Letzterer zu sagen ist, dass dem hohen Alter der Überlebenden jener Jahre manche Erinnerungslücken geschuldet sind. Ein eigenes Kapitel widmet sich den wissenschaftlichen Diskursen zum Thema ‚Volksgemeinschaft'.

Der Hauptteil der Arbeit steht ganz unter dem speziellen Blickwinkel „Schattendorf", seiner Demographie, Wirtschaft und politischen Entwicklung bis zum „Anschluss". Ausführlich werden NS-Infrastruktur, das Schulwesen, HJ und BDM, das Verhältnis zur Kirche und das Schicksal der Juden und Roma behandelt, auch wird angedeutet, wie sich das Regime angesichts des nahenden Zusammenbruchs bemühte, die ‚Volksgemeinschaft' noch zu retten. Der letzte Teil der Arbeit umschreibt das Kriegsende, die Besatzung und den mühevollen Weg des Wiederaufbaus der materiellen und institutionellen Strukturen.

Der Herausgeber freut sich, mit dieser hochinteressanten Untersuchung die Reihe der „Beiträge zur Neueren Geschichte Österreichs" fortzusetzen.

Bertrand Michael Buchmann

# Vorwort und Danksagungen

Es war meist zur Mittagszeit an einem Sonntag, als mir mein Großvater, Jahrgang 1936, von der Ankunft und dem Durchzug der sowjetischen Truppen in Schattendorf 1945 erzählte. Sein neuntes Lebensjahr war zu Kriegsende immerhin schon angebrochen, seine Erinnerungen an dieses Spektakel waren daher noch allzu gut. So neugierig wie mein Opa als junger Bub eben gewesen war und den Marsch der Soldaten in der Fabriksgasse vom Fenster aus mitverfolgt hatte, so geriet auch meine Neugierde als Neunjähriger aus allen Fugen. Ich stellte ihm am Esstisch viele Fragen über diese ereignisreiche Zeit. Heute möchte ich sagen, dass mich seine nervenaufreibenden Schilderungen von seiner Kindheit schließlich dazu bewegt haben, meine Heimatgemeinde Schattendorf während der Kriegs- und Besatzungsjahre noch genauer auszuforschen.

Ohne Unterstützung aber wäre diese lokalhistorische Studie nicht möglich gewesen. Ich möchte hier jene Menschen nennen, denen ich zu größtem Dank verpflichtet bin. Ein Dankeschön sage ich Erwin Kurz, einem der höchstwahrscheinlich ambitioniertesten Ortschronisten im Burgenland, welcher mir zu seiner voluminösen Ortsbibliothek und seinem Archiv in Schattendorf Zugang gewährte. Ich habe auch die stundenlangen Geschichts- und Politikdebatten, ja sogar schon philosophischen Gespräche, mit ihm immer sehr genossen. Seine Beratung sowie sein umfangreiches Wissen über Schattendorf, seine Leute und ihre Bräuche waren für das Zustandekommen und die Fertigstellung dieses Projektes enorm unterstützend.

Ich bedanke mich ferner beim burgenländischen sowie niederösterreichischen Landesarchiv, allen voran bei Herrn Mag. Dr. Eminger, der mich gleich zu Beginn meiner Forschungen darauf aufmerksam machte, dass das Landesarchiv in Sankt Pölten nicht wirklich von großem Nutzen sei, da es mit großer Sicherheit nur wenig für mein Forschungsinteresse relevantes Quellenmaterial habe.[1] Beträchtlicher Dank gebührt auch der Gemeinde

---

1   Schattendorf gehörte während des Nationalsozialismus dem Reichsgau Niederdonau an. Originaldokumente über meine Heimat mögen also im Stadtarchiv St. Pölten vorliegen.

und Volksschule Schattendorf, dem ehemaligen Volksschuldirektor Josef Bernhardt sowie den Schattendorfer Zeitzeugen.[2] Erstere haben mir historisch signifikante Dokumente zur Verfügung gestellt, Letztere haben meine Untersuchungen mit ihren persönlichen Erinnerungen zusätzlich bereichert.

Das wohl größte Dankeschön gilt meiner gesamten Familie, insbesondere meiner Mutter Margit, meinem Vater Walter sowie meinem Stiefvater Wolfram. Ihr hattet vollstes Vertrauen in mein Verantwortungsbewusstsein und meine Selbständigkeit. Niemals habt ihr mich unter Druck gesetzt, denn viel mehr habt ihr mir Mut, Zuversicht und Glück zugesprochen. Ich danke euch!

---

2 Um eine bessere Lesbarkeit des Textes zu gewährleisten, wird bewusst auf eine gendergerechte Sprache verzichtet.

# Inhaltsverzeichnis

# Abkürzungsverzeichnis

| | |
|---|---|
| (unv.) | unverständlich |
| Anm. | Anmerkung |
| BDM | Bund Deutscher Mädel |
| Bgm. | Bürgermeister |
| BH | Bezirkshauptmannschaft |
| bspw. | beispielsweise |
| DAF | Deutsche Arbeitsfront |
| DJ | Deutsches Jungvolk |
| g | Groschen |
| HJ | Hitlerjugend |
| JMB | Jungmädelbund |
| KdF | Kraft durch Freude |
| NS | Nationalsozialismus, nationalsozialistisch |
| NSDAP | Nationalsozialistische Deutsche Arbeiterpartei |
| Pg. | Parteigenosse |
| prov. | provisorisch |
| RAD | Reichsarbeitsdienst |
| RM | Reichsmark |
| SA | Sturmabwehr |
| SDAP | Sozialdemokratische Arbeiterpartei |
| SS | Schutzstaffel |
| VF | Vaterländische Front |

# I. Einleitung

## 1. Ziel der Arbeit, Forschungszugang und -fragen

Die burgenländische Grenzgemeinde Schattendorf ist zweifellos ein geschichtsträchtiger Ort. Er wird auch immer ein solcher bleiben, denn Ende Jänner 1927 war das Dorf Schauplatz jener tödlichen Gewehrschüsse geworden, welche die weitere Entwicklung der politischen Landschaft in der Ersten Republik maßgeblich beeinflussen sollten. Tatsache ist aber auch, dass sich unzählige Historiker diesem ereignisreichen Jahr bereits gewidmet und keine Mühen gescheut haben, das von Gewalt gezeichnete Aufeinandertreffen in der Ortschaft sowie dessen tragisch weitreichenden Folgen sorgfältig aufzuarbeiten.[3]

Diese vorliegende Lokalstudie setzt ihren Schwerpunkt insofern auf einen späteren, aber ebenso aufschlussreichen Zeitraum, in welchem die Gefühle sozialer Hoffnung, der Schein allgemeiner Ungewissheit und Unsicherheit sowie ein gewisses Maß an politischer Skepsis und Furcht in der Luft lagen. Es handelt sich hierbei um das örtliche Alltagsleben der Schattendorfer, welches im Rahmen der politischen und soziokulturellen Veränderungen in der Zeit von 1938 bis 1955 untersucht werden soll. Sowohl der „Anschluss" Österreichs an das Deutsche Reich, das Ende des Zweiten Weltkrieges und die darauffolgende alliierte Besatzung 1945 als auch die Unterzeichnung des Staatsvertrages zehn Jahre später müssen mit Recht als einschneidende Zäsuren der österreichischen Geschichte gelten. Eine Alltags- beziehungsweise Erfahrungsgeschichte nimmt sich dieser politischen Einschnitte an.

Gleich zu Beginn mögen zwei zeitlich weit zurückliegende, aber höchstwahrscheinlich sehr erlebnisreiche Tage dies veranschaulichen: Hatte das *Neue Burgenländische Volksblatt* im Dezember 1937 noch von einem Ausflug der Volksschule Schattendorf in die Mattersburger Heimatdienstausstellung berichtet, um „in den Kinderherzen den Glauben an eine bessere Zukunft und an ein glückliches Österreich zu festigen",[4] so war nur ein

---

3  Siehe dazu die Literatur über Schattendorf in Kapitel 2.1.
4  Lehrausflug der Schule. In: Neues Burgenländisches Volksblatt, Jg. 1, Nr. 32 (10. 12. 1937) 8.

halbes Jahr später in der nationalsozialistischen Presse zu lesen, dass die
Sonnwendfeier beim Haidspitzwald im Sinne einer hoffnungsvollen und
ambitionierten jungen Generation stattfand. Die Anwesenheit der Hitlerjugend und des Kraftfahrkorps sorgte für große Bewunderung, während der
Oberamtmann den Gehalt der Feierlichkeit mitreißend in den Vordergrund
stellte.[5] Hier wäre es schon interessant zu eruieren, ob es sich bei der Schulexkursion und der Sonnwendfeier um ein und dieselben jungen Teilnehmer
handelte. Noch erkenntnisreicher aber wären ihre überaus unterschiedlich
ausfallenden Reaktionen auf die Frage, wie sie den Wandel 1938, also das
Jahr der Eingliederung Österreichs in das Dritte Reich, gesellschaftspolitisch
wahrgenommen und diesen beschrieben hätten.

Auf den deutschen Historiker Norbert Frei Bezug nehmend und somit
im Rahmen einer Erfahrungs- und Alltagsgeschichte sucht diese Arbeit
Antworten auf die Frage nach den so belangvollen und bestimmenden
„kollektiven Befindlichkeiten und Erfahrungen"[6] der Dorfbevölkerung.
Deshalb erfolgt die ausführliche Beleuchtung des alltäglichen Handelns
und Wirkens in Schattendorf und somit das Betreiben von Geschichte auf
einem kleinen begrenzten Raum unter dem Gesichtspunkt der nationalsozialistischen ‚Volksgemeinschaft'[7], einem zwar überaus aktuellen, aber
auch sehr kontrovers diskutierten Forschungskonzept. Doch immerhin ist
man sich sicher: Die Verwendung dieses neuen Forschungsansatzes habe
zu einer Vergrößerung des „analytische[n] Repertoire[s] für das Verstehen
und Erklären des Nationalsozialismus um eine wesentliche Komponente"[8]
geführt und trage daher „fraglos zur Horizonterweiterung für die Untersuchung von NS-Gesellschaft und NS-Herrschaft bei"[9]. Diese Anwendung

5  Sonnwendfeier. In: Grenzmark Burgenland, Jg. 1, Nr. 17 (26. 6. 1938) 9.
6  Norbert *Frei*, 1945 und wir. Das Dritte Reich im Bewußtsein der Deutschen
   (München 2009) 123.
7  Der Terminus ‚Volksgemeinschaft' wird in der Literatur mehrheitlich unter
   Anführungszeichen gesetzt – so auch in dieser Arbeit. Der Grund dafür soll
   aber erst später ersichtlich werden.
8  Uwe *Danker*, Astrid *Schwabe*, Das Konzept der NS-Volksgemeinschaft – ein
   Schlüssel zum historischen Lernen? Einführung und Reflexion. In: Uwe *Danker*,
   Astrid *Schwabe* (Hg.), Die NS-Volksgemeinschaft. Zeitgenössische Verheißung,
   analytisches Konzept und ein Schlüssel zum historischen Lernen? (Beihefte zur
   Zeitschrift für Geschichtsdidaktik 13, Göttingen 2017) 7–20, hier 8.
9  *Danker, Schwabe*, Das Konzept der NS-Volksgemeinschaft, 8.

erlaube es, die „Wirkungs- und Erfahrungsgeschichte nationalsozialistischer Gesellschaftspolitik [zu] erfassen"[10]. Außerdem seien kleinere und
somit überschaubarere Räume vielversprechender, um die Bedeutung der
‚Volksgemeinschaft' strukturell und in ihren Aspekten klarer aufzuzeigen,
insbesondere durch ihre Inklusions- und Exklusionsmechanismen.[11]

Das Volksgemeinschaftskonzept agiert in dieser Studie wie ein diskur-
siver roter Faden und bringt nicht zuletzt mit sich, dass der aktuellste
Forschungsstand zur Gesellschaftsgeschichte des Nationalsozialismus hier
miteinfließt. Die Etablierung, Inszenierung und Auflösung der ‚Volksgemeinschaft' in der Grenzortschaft Schattendorf geraten hier in das Zentrum.
Dementsprechend lassen sich folgende Unterforschungsfragen ableiten: Was
bedeutete in erster Linie die Aufnahme des mehrheitlich bäuerlich geprägten Dorfes in die Hitlersche ‚Volksgemeinschaft' für den Alltag nach dem
„Anschluss" 1938? Wie wurde sie organisiert und inszeniert, um den ver-
breiteten Glauben, in einer ‚Volksgemeinschaft' zu leben, weiter zu festigen?
Hatte in einem Ort wie Schattendorf, wo es nur wenige ansässige Juden
gab, die ‚Volksgemeinschaft' überhaupt ein solides Fundament, wenn sie
sich doch – so einer der führenden Experten zum Thema, Michael Wildt[12] –
durch den tätlichen Antisemitismus definierte? Mit der bevorstehenden
Kriegsniederlage und dem Beginn der sowjetischen Besatzungszeit im Dorf
1945 rückt das Schwinden des volksgemeinschaftlichen Gedankengutes
in den Mittelpunkt dieses Vorhabens. Daher wird auf eine detailgetreue
Rekonstruierung des Nachkriegsalltags in Schattendorf bewusst verzichtet.

10 Hans-Ulrich *Thamer*, ‚Volksgemeinschaft' in der Debatte. Interpretationen, Operationalisierungen, Potenziale und Kritik. In: Detlef *Schmiechen-Ackermann*,
Marlis *Buchholz*, Bianca *Roitsch*, Christiane *Schröder* (Hg.), Der Ort der ‚Volksgemeinschaft' in der deutschen Gesellschaftsgeschichte (Nationalsozialistische
‚Volksgemeinschaft'. Studien zu Konstruktion, gesellschaftlicher Wirkungsmacht und Erinnerung 7, Paderborn 2018) 27–36, hier 28.
11 Vgl. Martina *Steber*, Die Eigenkraft des Regionalen. Die ungeschöpften Potenziale einer Geschichte des Nationalsozialismus im kleinen Raum. In: Detlef
*Schmiechen-Ackermann*, Marlis *Buchholz*, Bianca *Roitsch*, Christiane *Schröder*
(Hg.), Der Ort der ‚Volksgemeinschaft' in der deutschen Gesellschaftsgeschichte
(Nationalsozialistische ‚Volksgemeinschaft'. Studien zu Konstruktion, gesellschaftlicher Wirkungsmacht und Erinnerung 7, Paderborn 2018) 50–70, hier 53.
12 Vgl. Michael *Wildt*, Volksgemeinschaft als Selbstermächtigung. Gewalt gegen
Juden in der deutschen Provinz 1919 bis 1939 (Hamburg 2007) 68.

Es folgt lediglich eine Skizzierung der Nachkriegsjahre, denn viel wichtiger erscheint mir die Beantwortung der Frage, ob der nationalsozialistische „Gemeinschaftsplan" schon vor der Ankunft der Sowjets gescheitert war oder ob die Ortsbevölkerung auch nach dem Krieg in einer Zeit der sozioökonomischen Strapazen noch daran festhielt. Konnte möglicherweise ein gewisser Widerhall eines derartigen Gemeinschaftsdenkens im Jahrzehnt des Staatsvertrages immer noch bemerkt werden oder war es nun endgültig zur Vergangenheit geworden?

## 2. Forschungsstand: Eine Übersicht

### 2.1 Schattendorf

Schon eingangs wurde die historische Signifikanz der burgenländischen Grenzgemeinde herausgestrichen. In seiner neuesten Veröffentlichung betitelt Bertrand Michael Buchmann nicht umsonst das Kapitel über die erschütternden Ereignisse 1927 als „[d]ie Katastrophe von Schattendorf"[13]. Der 30. Jänner ist zu einer, wenn auch traurigen und betrübten, „Besonderheit" der österreichischen Geschichtsschreibung geworden. Daher verwundert es auch nicht, dass der Ortschaft in Publikationen[14] zur Ersten Republik viel Platz eingeräumt wird. Hochschulschriften[15] haben sich dieser Materie ebenfalls angenommen. Hingegen sind die Auswirkungen des Hitler-Regimes auf das Dorf kaum einer geschichtswissenschaftlichen Analyse unterzogen worden. Eine erste Ortschronik wurde bereits in den 1970er-Jahren von Franz Alram[16] verfasst, jedoch nie veröffentlicht. Zur Jahrtausendwende und im Rahmen des 850-jährigen Jubiläums begann ein aus zwölf Personen bestehendes Redaktionsteam, die Vergangenheit der Ortschaft von der Urgeschichte bis zur Gegenwart sorgfältig aufzuarbeiten. Diese fast fünfhundert

---

13 Bertrand Michael *Buchmann*, Insel der Unseligen. Das autoritäre Österreich 1933–1938 (Wien/Graz 2019) 42.
14 Siehe dazu bspw. Norbert *Leser*, Paul *Sailer-Wlasits* (Hg.), 1927: als die Republik brannte. Von Schattendorf bis Wien (Wien/Klosterneuburg 2002).
15 Siehe dazu bspw. Ute *Bauer*, 30. Jänner 1927. Der Zusammenstoß von Schattendorf (Diplomarbeit Universität Wien 1995) oder Karin *Masek*, Schattendorf und der Justizpalastbrand 1927 im Spiegel der Wiener Tagespresse (Diplomarbeit Universität Wien 2004).
16 Franz *Alram*, Chronik von Schattendorf (ungedr. 1974/1986).

Seiten umfassende Schattendorfer Ortschronik[17] beschäftigt sich mit dem „Anschluss" 1938 sowie dem darauffolgenden Zweiten Weltkrieg auf nicht ganz drei Seiten.[18] Der Sowjetzeit und dem Wiederaufbau wurde aber ein etwas größeres Augenmerk verliehen.[19] So lassen sich auch gesondert ein wirklich ausführlicher Aufsatz über die Umbruchstage im Dorf[20] sowie ein mit Statistiken gefüllter Artikel über die Schattendorfer Kriegsheimkehrer[21] finden. Eine Betrachtung der Übergangs- und Besatzungszeit unter dem Gesichtspunkt der ‚Volksgemeinschaft' ist aber noch nicht erfolgt und gibt dieser Studie daher den nötigen Ansporn dazu.

## 2.2 Das Burgenland

Über das nationalsozialistische Burgenland ist wiederum eine immense Anzahl an bereits mehrseitig geschriebenen wissenschaftlichen Texten vorhanden. Als führender Autor bringt Herbert Brettl[22] der Leserschaft das Hitler-Regime etappenweise anhand von unkomplizierten Fragen und deren Beantwortung vor Augen. Möchte man sich kritisch mit dem jüngsten Bundesland Österreichs während der Hitlerzeit auseinandersetzen, so gilt seine einschlägige Überblicksdarstellung, ergänzt mit diversen Lebensgeschichten, als unausweichlich. Als weiterer burgenländischer Regionalhistoriker sei

---

17  *Marktgemeinde Schattendorf* (Hg.), Schattendorf. Seine Geschichte und seine Menschen (Schattendorf 2003).

18  Ute *Bauer*, Vom Beginn der Aufbauarbeit bis zum Ende des Zweiten Weltkrieges. In: *Marktgemeinde Schattendorf* (Hg.), Schattendorf. Seine Geschichte und seine Menschen (Schattendorf 2003) 84–97, hier 95–97.

19  Wolfgang *Weisgram*, Von der toten Grenze in die Mitte Europas. Der Weg Schattendorfs von 1945 bis heute. In: *Marktgemeinde Schattendorf* (Hg.), Schattendorf. Seine Geschichte und seine Menschen (Schattendorf 2003) 98–115, hier 99–106.

20  Ute *Bauer*, Die Russenzeit in Schattendorf. In: Aus der Pforte. Geschichte – Brauchtum – Kultur 2 (2005) 21–31.

21  Michael *Hess*, Kriegsgefangenschaft und Heimkehr. In: Aus der Pforte. Geschichte – Brauchtum – Kultur 12 (2010) 13–26.

22  Herbert *Brettl*, Nationalsozialismus im Burgenland. Opfer . Täter . Gegner (Nationalsozialismus in den österreichischen Bundesländern 2, Innsbruck 2012).

Walter Feymann[23] aufgelistet, welcher sich in seiner Monographie auf die
Prozesse der Nazi- und Entnazifizierung im Burgenland spezialisiert.
Eine Brücke von der Herrschaft der Nationalsozialisten hin zur sowjetischen Besatzungszeit im Südburgenland errichtet Adi Lang. Der
Geschichtswissenschaftler fasst dabei nicht nur das NS-Regime in all seinen
Dimensionen ins Auge, sondern auch dessen Zusammenbruch verbunden
mit den letzten militärischen Aufgeboten der Deutschen. Ferner widmen
sich seine Untersuchungen dem Nachkriegsalltag.[24] In Stefan Karners Sammelband bietet eine umfassende Autorenschaft eine Darstellung über das
Ende der nationalsozialistischen Herrschaft im Burgenland anhand verschiedener Gesichtspunkte, wie etwa Widerstand, Kirche oder Volkskul-
tur.[25] Die Themenschwerpunkte Kriegsende und sowjetische Besatzungszeit
dürften besonders für Studierende in ihren Abschlussphasen dementsprechend attraktiv gewesen sein, denn mehrere Regional- beziehungsweise
Lokalstudien lassen sich als Hochschulschriften finden. Die Wochen und
Monate der Neuordnung 1945 wurden in der burgenländischen Landes-
hauptstadt Eisenstadt,[26] im Bezirk Neusiedl am See,[27] im mittelburgenlän-
dischen Deutschkreuz[28] sowie in Bruck an der Leitha[29] gründlich ins Auge
gefasst. Besonders hervorzuheben ist Hermann Krenns Dissertation zum

23 Walter *Feymann*, Die langen Schatten der Vergangenheit. Betrogene Hoffnungen
   und die Schuld der Gleichgültigkeit – Nazifizierung und Entnazifizierung des
   Burgenlandes (Oberwart 2015).
24 Adi *Lang*, NS-Regime, Kriegsende und russische Besatzungszeit im Südburgenland (Oberwart ²2011).
25 Stefan *Karner* (Hg.), Das Burgenland im Jahr 1945 (Beiträge zur Landes-
   Sonderausstellung 1985, Eisenstadt 1985).
26 Sonja Elisabeth *Ivansich*, Eisenstadt 1945. Kriegsende und Besatzungszeit (Diplomarbeit Universität Wien 2002).
27 Herbert *Brettl*, „Eine Kartoffel ist so selten wie ein Maria-Theresien-Taler…" – der
   Bezirk Neusiedl am See im Jahre 1945. In: *Amt der Burgenländischen Landesregierung, Abteilung 7 – Kultur, Wissenschaft und Archiv* (Hg.), befreien – besetzen – bestehen. Das Burgenland von 1945–1955 (Burgenländische Forschungen
   90, Eisenstadt 2005) 7–58.
28 Roland *Gager*, Kriegsende und sowjetische Besatzung im Burgenland. Eine
   Lebensgeschichte aus Deutschkreuz (Diplomarbeit Universität Wien 2016).
29 Petra *Weiß*, Bruck an der Leitha anno '45. Kriegsende und Besatzungszeit
   am Beispiel einer niederösterreichischen Kleinstadt (Dissertation Universität
   Wien 1998).

„Umbruch" im Nord- und Mittelburgenland in den Jahren 1944 bis 1946. Der Autor versuchte bereits zu Beginn der 1990er-Jahre, den regionalgeschichtlichen Lücken Rechnung zu tragen.[30] Schließlich sei noch der 2005 erschienene Begleitband zur Eisenstädter Ausstellung über die Russenzeit zu nennen.[31]

## 2.3 Nationalsozialismus und Alltag

Geschichtsdarstellungen, in welchen das alltägliche Leben der Menschen in den Fokus gerät, fanden in den 1980er-Jahren einen immensen Auftrieb.[32] Auf österreichischem Boden lassen sich neulich erschienene nationalsozialistische Alltagsgeschichten zwar schnell finden, die Anzahl dieser in der näheren Umgebung bleibt jedoch mehr oder weniger überschaubar.[33] Der deutsche Historiker Detlef Peukert erkannte in derartigen Geschichtsrekonstruierungen gewisse Gefahren, aber auch Möglichkeiten. Er warnte in seiner bereits fast vierzig Jahre alten, aber immer noch häufig rezipierten Monographie, dass das Sprechen vom „Alltag" dazu verleiten könnte,

> „das Spezifische am nationalsozialistischen Ausnahmeregime zu verwischen, die Fronten zwischen Gegnern und Verteidigern des NS-Systems unübersichtlicher zu machen und so manches klare Werturteil in einem relativierenden Einerseits-Andererseits aufzulösen.
>
> Aber dennoch bietet eine Geschichte des Dritten Reiches aus der Alltagsperspektive auch Chancen für eine kritische, antifaschistische Geschichtsschreibung."[34]

---

30  Hermann *Krenn*, Der „Umbruch". Das mittlere und nördliche Burgenland 1944–1946 (Dissertation Universität Wien 1991).
31  *Amt der Burgenländischen Landesregierung, Abteilung 7 – Landesmuseum* (Hg.), Russenzeit. Befreiung 1945 – Freiheit 1955 (Wissenschaftliche Arbeiten aus dem Burgenland 113, Eisenstadt 2005).
32  Vgl. Frank *Bajohr*, Vom Herrschaftssystem zur Volksgemeinschaft. Der lange Weg zu einer Gesellschaftsgeschichte des Nationalsozialismus. In: Uwe *Danker*, Astrid *Schwabe* (Hg.), Die NS-Volksgemeinschaft. Zeitgenössische Verheißung, analytisches Konzept und ein Schlüssel zum historischen Lernen? (Beihefte zur Zeitschrift für Geschichtsdidaktik 13, Göttingen 2017) 23–36, hier 29.
33  Siehe dazu bspw. Kurt *Bauer*, Die dunklen Jahre. Politik und Alltag im nationalsozialistischen Österreich 1938 bis 1945 (Frankfurt am Main ²2017) oder Margarethe *Kainig-Huber*, Franz *Vonwald*, Schreckensherrschaft in Niederösterreich 1938–1945. Alltag in der nationalsozialistischen Zeit (Berndorf 2018).
34  Detlev *Peukert*, Volksgenossen und Gemeinschaftsfremde. Anpassung, Ausmerze und Aufbegehren unter dem Nationalsozialismus (Köln 1982) 21–22.

## 3. Quellenlage und methodische Überlegungen

### 3.1 Primärquellen und Wissenswertes darüber

Für diese historische Lokalstudie standen folgende Archivalien zur Verfügung: Die Chronik der Pfarre Schattendorf, gemeindebehördliche Dokumente, Lehrerkonferenz- und Klassenbücher sowie Fotografien und Bildzeichnungen. Des Weiteren wurden Zeitungsartikel, Lage- und Vorfallberichte der Gendarmerie, Arisierungs-, Häftlings- und Strafakten sowie Entregistrierungsgesuche herangezogen und begutachtet. Die Befragung von Schattendorfer Zeitzeugen – Oral History – sollte auf der einen Seite dazu dienen, die Effektivität einer Alltags- und Erfahrungsgeschichte zu steigern. Andererseits bringt sie die notwendige Unterstützung mit, vorhandene Quellenlücken zu schließen.

Wenn auch soeben bekannt geworden ist, dass verschiedenste Arten von Primärquellen – mehrheitlich Schriftquellen – für diese Arbeit verwendet wurden, so ist die Quellenlage über Schattendorf insbesondere in den Jahren 1938 bis 1945 problematisch. Die unter nationalsozialistischer Bürokratie entstandenen behördlichen Gemeindedokumente wurden gegen Ende des Krieges beinahe vollständig zerstört. Dieser für jeden Regional- oder Lokalforschenden zu bedauernde Zustand kommt im Schriftverkehr zwischen dem Bürgermeisteramt Schattendorf und den Verwaltungsinstitutionen in Eisenstadt und Mattersburg 1945 immer wieder zum Vorschein.[35] Den historischen Schriftstücken aus der Nazizeit widerfuhr in der burgenlandkroatischen Nachbarortschaft Baumgarten ein ähnliches Schicksal.[36] Mit Beginn der Besatzungszeit im April 1945 ist aufgrund einer neuen politischen Lage und den damit einhergehenden Verwaltungsmaßnahmen ein drastischer Anstieg an behördlichen Schriftmaterialien zu erkennen. Es handelt sich dabei vorläufig um Verlautbarungen an die Bürger

---

35 So heißt es, dass „die Gemeindekanzlei durch die Kriegsereignisse total vernichtet ist und sämtliche Akten und Schriften, sowie Einrichtung zerstört ist [sic!]." *Schattendorfer Gemeindearchiv (SGA)*, Akte 1945, Nr. 151: Lohnsteuer Einbehaltung u. Abführung – Antwort an das Finanzamt Eisenstadt (30. 10. 1945).
36 Vgl. Stefan *Pichler*, Die Geschichte der Gemeinde Baumgarten von 1848–1945. In: *Gemeinde Baumgarten* (Hg.), Baumgarten/Pajngrt. Der Ort. Die Geschichte. Die Menschen/Selo. Povijest. Ljudi (Baumgarten 2017) 54–81, hier 76–77.

Schattendorfs – niedergetippt auf Schmierzetteln – sowie um Korrespondenzen zwischen dem Bürgermeister und den Bezirks- und Landeshauptmannschaften.[37]

Die Schattendorfer Pfarrchronik[38] weist mehrere Jahreslücken auf. Aussagekräftige Passagen über das Leben der Schattendorfer Bevölkerung sowie religiöse Angelegenheiten oder Feierlichkeiten während der Hitlerzeit finden sich darin kaum. Der von 1936 bis 1950 in Schattendorf wirkende Dorfpfarrer Leopold Müllner, im Amt gefolgt von Franz Spuller,[39] hielt es – aus welchen Gründen auch immer – für nicht notwendig, besondere Vorkommnisse der Zeit niederzuschreiben. Erst mit dem Amtsantritt Spullers 1950 erfuhr die Kirchenchronik eine Fortsetzung. Die schriftlichen Versäumnisse Müllners wurden von ihm einigermaßen nachgeholt.[40] Auf eine ausführliche Beantwortung der Frage, wie es der katholischen Dorfkirche in der ‚Volksgemeinschaft' erging, muss daher verzichtet werden. Von der Rolle des Dorfpfarrers Müllner und seiner Einstellung gegenüber dem Nationalsozialismus wird aber noch gesondert zu sprechen sein.

Positiv hervorzuheben ist aber das Schriftmaterial, welches in den Kriegsjahren produziert wurde und in der Volksschule Schattendorf vorzufinden ist. Es handelt sich dabei nicht explizit um eine Schulchronik, sondern um ein Klassenbuch der 3. Klasse (Schuljahr 1943/44)[41] sowie Lehrerkonferenzprotokolle, genauer gesagt „Verhandlungsschriften" und „Berichte über Hausberatungen".[42] Des Weiteren liegt ein Sammelordner „Schulgeschichte 1945–1988" vor, welcher mehrheitlich behördliche

---

37 Siehe dazu *SGA*, Akte 1945 (mit Nummernverzeichnis: Einlaufbuch 1945, Nr. 1-297) sowie *SGA*, Korrespondenzakte 1945 (Korr. Akte 1945), Register H.

38 *Röm.-Kath. Pfarramt – Pfarrhof Schattendorf (PfS)*, Chronik.

39 Vgl. Josef *Bernhardt*, Karl *Bauer*, Kirchengeschichte. In: *Marktgemeinde Schattendorf* (Hg.), Schattendorf. Seine Geschichte und seine Menschen (Schattendorf 2003) 134–177, hier 146–147.

40 So schrieb Spuller: „Endlich, da ich bereits daran denke, Schattendorf zu verlassen, komme ich dazu, die Chronik fortzusetzen. Da muß ich bis zum Jahre 1936 zurückgehen, [...]." *PfS*, Chronik, 166.

41 *Archiv Volksschule Schattendorf (AVS)*, Klassenbuch (3. Klasse, Schuljahr 1943/44).

42 *AVS*, Verhandlungsschriften der Lehrerkonferenzen (1926–1939) und Hausberatungen der Volksschule (1939–1948).

Schreiben – Originaldokumente – beinhaltet, die von der Schulabteilung der Bezirkshauptmannschaft Mattersburg an die Volksschulleitung Schattendorf ergingen.[43] Diese immens wichtigen Zeugnisse geben Aufschluss über die Festlegung von diversen Schul- und Unterrichtsmaßnahmen sowie über Ereignisse außerhalb des Schulbetriebes, wie zum Beispiel das Sammeln von Rohstoffen durch die Schülerschaft.

Um die aufgetretenen Quellenlücken einigermaßen zu schließen, wird nicht nur die noch später erklärte Oral History-Methode integriert, sondern es werden auch diverse Zeitungsartikel herangezogen, anhand derer es zusätzlich möglich ist, sich den volksgemeinschaftlichen Bedingungen in Schattendorf anzunähern. Die bereits in der Einleitung angeführte nationalsozialistische *Grenzmark-Zeitung*[44] – zum Gründungszeitpunkt *Grenzmark Burgenland* genannt – wurde 1938 von Dr. Tobias Portschy geschaffen und erschien bis 1945 immer sonntags. Die Zeitungsartikel durften zwar mehrheitlich den Tatsachen entsprochen haben, der Inhalt wurde aber umso überspitzter dargestellt beziehungsweise propagandistisch aufgeladen. Nichtsdestoweniger galt das Zeitungswesen als *die* „wichtigste politische Informationsquelle der Bevölkerung"[45]. Die zunehmende Bedeutung der Presse in der ersten Hälfte des 20. Jahrhunderts wurde sogar in der *Grenzmark-Zeitung* thematisiert, wodurch Schattendorf ebenfalls Erwähnung fand. Der folgende Auszug soll dieses Unterkapitel schließen:

> „Am 22. d. M. fand um 20 Uhr ein Appell der Mitarbeiter des Stabes unserer Gemeinde statt. Nach Eröffnung des Appells durch den Stützpunktleiter Franz Emmelschuh sprach Propagandaleiter Müller über die Bedeutung der Pressewerbung und drückte den Wunsch aus, daß wir in nächster Zeit möglichst viele Abnehmer unseres Kreisparteiblattes ‚Grenzmarkzeitung' gewinnen möchten. Das ist für uns deshalb von ganz besonderer Bedeutung, weil in diesem Wochenblatt auch alle wichtigen, lokalen Nachrichten veröffentlicht werden. [...]"[46]

43 AVS, Ordner Schulgeschichte 1945–1988.
44 Vgl. Tobias *Mindler*, „Organ für das gesamte Volksinteresse". Die Presse und ihre Journalisten im Gebiet des heutigen Burgenlandes von 1938 bis 1945. In: Burgenländische Heimatblätter 70 (2008) 40–55, hier 49.
45 *Mindler*, „Organ für das gesamte Volksinteresse", 43.
46 Schulungsappell. In: Grenzmark-Zeitung, Jg. 1, Nr. 35 (30. 10. 1938) 4.

## 3.2  Oral History: Grundlegendes und Ausführung

Die Methode der „mündlichen Geschichte" zur Ergänzung oder vollständigen Rekonstruierung eines geschichtswissenschaftlichen Narrativs ist eine bereits gründlich erforschte. Sie findet nicht nur in der Historiographie Anwendung, sondern auch in den Sozialwissenschaften sowie im Journalismus und gilt somit als interdisziplinär. Zeitzeugen werden zu einem Gespräch eingeladen, um über bestimmte Ereignisse in der Vergangenheit zu sprechen. Die erhaltenen Antworten beziehungsweise Reaktionen der Befragten werden dabei zu Quellen, welche einer späteren Analyse unterzogen werden. Die wesentlichen Kritikpunkte der Oral History-Methode liegen sowohl in der mangelnden Objektivität als auch in den brüchigen Erinnerungen der Interviewten.[47] Man erlangt also nicht *die* „Wahrheit" über Vergangenes, vielmehr ergeben sich daraus „verschönte Zerrbilder von Erinnerungen"[48]. Wenngleich die Methode nicht gerade zu den objektivsten Messinstrumenten gehört, zumal die inkludierenden Gespräche eine „gegenwartsbezogene subjektive Sinngebung einer historischen Erfahrung zum Inhalt"[49] haben, so ist sie trotzdem effektiv. Die herangezogenen Zeitzeugen präsentieren ihre Erinnerungen an geraume Zeit unter einer enormen Beeinflussung ihres gegenwärtigen politischen und sozialen Verständnisses von Faschismus und Diktatur. Dessen ungeachtet sei aber hinzugefügt, dass ein Verzicht von Oral History in einer Lokalstudie über Schattendorf, in welcher der Alltag und das Zusammenleben der Menschen untersucht werden sollen, desaströs wäre und den Aussagegehalt des Projektes deutlich schwächen würde. Hannes Zimmermann bringt dies wunderbar auf den Punkt:

> „Persönliche ‚Geschichten' stellen einen individuellen Ausschnitt aus dem ‚Ganzen', d. h. aus einer Gruppe von Menschen mit vergleichbaren Schicksalen einer Region [...] dar. Die ‚große' Geschichte wird am konkreten, lokalen Beispiel anschaulich, überschaubar, erfaßbar."[50]

---

47  Vgl. Julia *Obertreis*, Oral History – Geschichte und Konzeption. In: Julia *Obertreis* (Hg.), Oral History (Basistexte Geschichte 8, Stuttgart 2012) 7–30, hier 7.

48  Michael *Egger*, Der kleine Oral History Ratgeber (Schriftenreihe der Arbeitsgemeinschaft für Wirtschafts- und Sozialgeschichte, Graz 2013) 55.

49  *Egger*, Der kleine Oral History Ratgeber, 18.

50  Hannes *Zimmermann*, Oral History im Burgenland – Grundsatzüberlegungen und erste Ansätze. In: Stefan *Karner* (Hg.), Das Burgenland im Jahr 1945 (Beiträge zur Landes-Sonderausstellung 1985, Eisenstadt 1985) 285–291, hier 286.

Die Planung, Durchführung und Auswertung der Interviews orientierten
sich an einem 10-Punkte-System, welches im Werk von Michael Egger, *Der
kleine Oral History Ratgeber*, detailliert dargestellt wird.[51] So wurde zum
Beispiel in dieser Studie von Beginn an darauf geachtet, dass die Befragten in
keinem Verwandtschaftsverhältnis mit dem Interviewer stehen. Es wurden
fünf Bewohner von Schattendorf herangezogen, deren Geburtsjahrgänge
von 1924 bis 1932 reichen.[52] Dass der zu untersuchende Zeitraum in diesem
Projekt weit zurückliegt und heute daher nur mehr wenige Schattendorfer
leben, die Hitler und die darauffolgende sowjetische Besatzung erfuhren,
versteht sich von selbst. Ein Fragenkatalog als Interviewleitfaden[53] sorgte
für die notwendige Unterstützung, sodass ein langwieriges Abschweifen
vom eigentlichen Thema mehrheitlich verhindert und der Weg zurück zum
Sachverhalt selbst rasch wieder gefunden werden konnte. Nichtsdestoweniger gelang es nicht immer, konkrete Antworten auf die konkreten Fragen
zu erhalten. Es wurden auch bewusst offene Fragestellungen gebildet, um
ein freies Erzählen der Interviewten zu generieren.

Aufgrund des weit zurückreichenden Zeitraums (1938–1955) entstand
während der Interviewführung ein nennenswertes Hindernis: Die betagten
Damen und Herren waren – nachvollziehbarerweise – des Öfteren nicht
fähig, die Fragen sinnhaft zu verstehen und somit passend darauf einzu-
gehen. Es wurde zunächst versucht, die Fragestellung zu umschreiben.
War auch dann das Ergebnis erfolglos, wurde mit der planmäßig nächsten
Frage das Interview schlichtweg fortgesetzt. Mithilfe eines technisch ein-
wandfreien Audiorecorders erfolgte die Aufzeichnung und anschließende
Transkription in gesprochener Sprache – also eine Schattendorfer Art des
Burgenländischen, welche wiederum grob unter dem *Hianzischen*[54] (oder
*Heanzischen*) subsummiert wird. Direkte Zitate in dieser Arbeit wurden
aber in das Hochdeutsche übersetzt, um das Lesen der jeweiligen Passa-
gen zu vereinfachen. Unverständliche Teile einer Äußerung der Befragten

---

51  Vgl. *Egger*, Der kleine Oral History Ratgeber, 60–69.
52  Zur Auflistung der Zeitzeugen mit Namen und Geburtsdaten siehe Quellenver-
    zeichnis.
53  Zur Auflistung der Fragen siehe Anhang.
54  Vgl. Jakob Michael *Perschy*, Sprechen Sie Burgenländisch? Ein Sprachführer für
    Einheimische und Zugereiste (Wien 2004) 7.

wurden mit „(unv.)" angegeben; auf gewisse Stellen, an denen Emotionen, wie zum Beispiel Lachen oder Bedrücken, bemerkt werden konnten, wurde ebenfalls verwiesen. Die aufwendige Transkription der Interviews ergab insgesamt rund 30 Seiten. Diese Dokumente sowie die Audiodateien befinden sich in meinem Privatbesitz. Unterschriften der Interviewten, welche zur Veröffentlichung der Aufzeichnungen berechtigen, wurden eingeholt.

## 4. Gliederung: Schwerpunkt Nationalsozialismus

Die einführenden Worte sowie die verschiedenen Teilfragen, die sich diese Arbeit stellt, haben gezeigt, dass das Konzept der nationalsozialistischen ‚Volksgemeinschaft' einen wichtigen Stellenwert in diesem Projekt erhält. Im zweiten Großabschnitt dieses Vorhabens ist daher beabsichtigt, prominente Kritiker und Befürworter dieses Forschungsansatzes zu präsentieren. Da es sich hier um keine reine Literaturarbeit handelt, Thesen, Theorien und Erkenntnisse diverser Experten in jeder wissenschaftlichen Studie aber nicht fehlen dürfen, werden nur die – meines Erachtens – wesentlichsten Überlegungen über die Volksgemeinschaftsformel in knapper Form zusammengefasst. Hypothetische Standpunkte werden dann von der noch sehr jungen Volksgemeinschaftsforschung übernommen und auf den nationalsozialistischen Alltag in Schattendorf umgelegt.

Bevor aber eine prägnante Darstellung dieser Forschungsdebatte erfolgen kann, muss ein kurzer historischer Abriss zur Entstehung und Entwicklung des Begriffs ‚Volksgemeinschaft' bereitgestellt werden. Ein Blick nach Deutschland und in die Weimarer Republik ist dabei unerlässlich. Ferner werden zentrale Erkenntnisse zur geschichtswissenschaftlichen Fragestellung „Befreier oder Besatzer?" im Burgenland skizziert. Antworten auf die Frage, ob sich die Schattendorfer 1945 tatsächlich von der Nazi-Tyrannei durch sowjetische Truppen befreit fühlten, können interpretativ mit dem Glauben an ein langjähriges Deutsches Reich beziehungsweise mit dem Grad der Verwurzelung des Volksgemeinschaftsgedankens in den „Köpfen" der Dorfbevölkerung in Verbindung gesetzt werden.

Der umfangreiche Hauptabschnitt (III.) dieser Arbeit widmet sich verständlicherweise der burgenländischen Grenzgemeinde Schattendorf. Wie eben erwähnt, kommen die im Theoriekapitel (II.) herausgearbeiteten Aspekte der NS-Volksgemeinschaft hier zum Einsatz, um über den

Dorfalltag im gewählten Zeitraum Aufschluss zu geben. Die daraus resultierenden Schlussfolgerungen werden im letzten Abschnitt (IV.) dargestellt. Damit erfolgt nicht nur eine Rückbesinnung auf die in der Einleitung gestellten Teilforschungsfragen, sondern das Ergebniskapitel sorgt auch für die notwendige Abrundung sowie leichtere Verständlichkeit des geschichtswissenschaftlichen Sachverhaltes der ‚Volksgemeinschaft'.

Eine Untersuchung, die die Geschichte eines Dorfes im Umfang von siebzehn Jahren abdecken möchte, ist ohne Zweifel ein gewagtes Vorhaben. Darum sei hier unbedingt hervorgehoben, dass im Großkapitel über Schattendorf dem nationalsozialistischen Zeitraum bewusst mehr Platz eingeräumt wurde als den darauffolgenden Nachkriegsjahren. Dies lässt sich, erstens, damit begründen, dass die letzten Kriegstage und die sowjetische Nachkriegszeit sowohl in den burgenländischen Regionen und Gemeinden als auch in angrenzenden niederösterreichischen Ortschaften bereits intensiv erforscht wurden.[55] Zweitens versteht sich die NS-‚Volksgemeinschaft' nicht nur als ein neues sowie vieldiskutiertes Forschungskonzept, sondern sie stellt auch im eigentlichen Sinne eine der zu untersuchenden Zeitspannen in Österreich (1938–1945) dar.[56] Die Durchführung eigener Analysen und Interpretationen im Rahmen eines aktuellen, aber kontroversen Forschungszuganges bedarf schlichtweg mehr Zeilen. Das Kapitel Kriegsende, Besatzung und Wiederaufbau dient als thematische Abrundung und soll dabei noch einmal ein mögliches Volksgemeinschaftsdenken der Einwohner Schattendorfs in den Vordergrund hieven.

Die Skizzierung der wirtschaftlichen sowie politischen Lage Schattendorfs in der Zwischenkriegszeit darf als kleiner historischer Exkurs verstanden werden. Das Ziel dahinter ist, in erster Linie eine sozioökonomische Ausgangssituation der Ortschaft herzustellen, aber auch den politischen Aufschwung der Nationalsozialisten im Allgemeinen nachvollziehbarer aufzuzeigen.

---

55 Siehe dazu die Kapitel 2.1 und 2.2.
56 Siehe dazu das Kapitel 5.2.

# II. Fachwissenschaftliche Diskurse

## 5. Die ‚Volksgemeinschaft' als junges Forschungskonzept

### 5.1 Begrifflichkeit und ihre Herkunft

Im Sommer 2019 berichtete das österreichische Tagesblatt *Kurier*, bezugnehmend auf den Verfassungsschutzbericht 2018, über die bevorstehende Demokratiegefährdung, verursacht durch Gruppen der rechtsextremen Szene, welche die Ansicht vertreten, „dass das ‚eigene Volk' zu keinen Verbrechen fähig"[57] sei. Was aber ist das „eigene Volk", wenn es doch – salopp ausgedrückt – nur eine Erdbevölkerung gibt? Auf den ersten Blick mag es schwierig erscheinen, eine rasche und einfache Erklärung dieses Begriffes zu finden. Der Terminus der ‚Volksgemeinschaft' ist ein ähnlich komplexer: Wer bildet überhaupt diese Gemeinschaft, und ist das Volk nicht ohnedies jeglicher Gemeinschaft inhärent?

Die burgenländische Leserschaft der *Grenzmark-Zeitung* musste jedenfalls des Öfteren über diese Wortzusammensetzung gestolpert sein. Im durchaus überspitzt formulierten Artikel zum Schulschluss in Schattendorf 1939 tritt die ‚Volksgemeinschaft' offen in den Vordergrund, wirkt sie doch wie ein lang ersehntes Paradies:

> „Am 8. Juli fand in unserer Schule eine kleine, aber würdige Entlassungsfeier statt, zu der auch die Vertreter der Partei und der Gemeinde sowie die Eltern der Schüler erschienen waren. [...] Jeder Schulentlassene erhielt auch die Schrift ‚Du und dein Volk' zum Geschenk. Vor dem Schulhaus richtete dann der Stützpunktleiter Pg. Franz Emmelschuh einige zu Herzen gehende Worte an die angetretene Jugend und nahm jeden einzelnen mit Handschlag in die Volksgemeinschaft auf. Unter den Klängen der Nationalhymnen wurde die Flagge eingeholt und damit sichtbar zum Ausdruck gebracht, daß ein arbeitsreiches Schuljahr zu Ende ist."[58]

Es ist ein Zeitungsartikel, der einige Fragen aufwirft: Hatten die in die Sommerferien entlassenen Kinder überhaupt eine exakte Vorstellung von den Begriffen ‚Volk' und ‚Volksgemeinschaft'? Fühlte sich die Schattendorfer

---

57 Dominik *Schreiber*, Kid *Möchel*, „Demokratiegefährdendes Klima". In: Kurier (15. 8. 2019) 15.
58 Schulschluß. In: Grenzmark-Zeitung, Jg. 2, Nr. 72 (15. 7. 1939) 8.

Schülerschaft nun stolz, ein Teil dieser Gemeinschaft geworden zu sein –
durch einen simplen „Handschlag"? Und wenn ja, was waren dann ihre
persönlichen und kollektiven Erwartungen an sie? Für Erwachsene war das
Wort ‚Volksgemeinschaft' sicherlich kein unbekanntes. Ganz im Gegenteil,
die Begrifflichkeit war eine häufig gebrauchte. Auf österreichischem Raum
lässt sich das Schlagwort schon Jahre zuvor finden, zwar nicht nationalso-
zialistisch assoziiert, doch beispielsweise in Bezug auf die Zielvorstellungen
der österreichischen Heimwehrverbände, welche im „Korneuburger Eid"[59]
1930 zum Ausdruck gebracht wurden. In Kurt Schuschniggs Heldenplatz-
rede am 25. Juli 1935[60] fand der Begriff ebenfalls Beachtung. Eine genauere
Beleuchtung des gesellschaftlichen und politischen Stellenwerts der ‚Volksgemeinschaft' im kleinen autoritären Österreich in den 1930er-Jahren soll
hier nicht von Belang sein. Fest steht aber, dass die in Österreich propagierte
‚Volksgemeinschaft' in den ständestaatlichen Elementen ihr Fundament
suchte. Ohne Zweifel gilt aber Deutschland als *das* Herkunftsland der Nationalsozialisten und *ihr* Bild von der ‚Volksgemeinschaft'. Um somit der
Begrifflichkeit einigermaßen Herr zu werden, genügt ein kurzer Blick auf
den großen nördlichen Nachbarn in der Zwischenkriegszeit.

Michael Wildt erkennt bereits im Ersten Weltkrieg das Sprießen des
volksgemeinschaftlichen Keims. Insbesondere die Zeitungen hätten die
Geschlossenheit der deutschen Bevölkerung als Vorbereitung auf den großen Krieg fabriziert.[61] Juden und Sozialdemokraten erhofften sich durch
ihre Zustimmung zum bevorstehenden Kriegsgeschehen Gleichberechtigung innerhalb des deutschen Volkes. Die National- und Kriegseuphorie
der deutsch-jüdischen Bevölkerung ergab sich jedoch nicht nur aufgrund
ihrer gewünschten Eingliederung in die ‚Volksgemeinschaft', sondern weil
die Juden auch buchstäblich patriotisch waren.[62] Die für die Hungerjahre
verantwortliche Kriegswirtschaft erdrückte aber recht bald die Kriegsbegeisterung. Die Schere zwischen den wohlhabenderen und ärmeren Bevölkerungsschichten, welche durch den Volksgemeinschaftsgedanken zu Beginn

59 Darin heißt es, dass „die Stände den Notwendigkeiten der Volksgemeinschaft
   eingeordnet bleiben." Zit. in: *Buchmann*, Insel der Unseligen, 41.
60 Vgl. *Buchmann*, Insel der Unseligen, 13.
61 Vgl. *Wildt*, Volksgemeinschaft als Selbstermächtigung, 27.
62 Vgl. ebenda, 30–31.

des Krieges geschmälert worden war, schien wieder auseinander zu gehen. Die ‚Volksgemeinschaft' geriet langsam ins Wanken, es wurde jedoch alles Erdenkliche versucht – insbesondere mithilfe des angepriesenen „Geistes von 1914"[63]–, die Menschen zum Durchhalten zu zwingen. Der Einigkeits-gedanke musste schlichtweg mit allen Mitteln vor dem Untergang bewahrt werden.[64]

Die Nachkriegspolitik der Weimarer Republik war geprägt von der Entwicklung eines heftigen und einigermaßen komplizierten Verfassungs-streites um die Souveränität des Volkes.[65] Wesentliche (abstrakte) Cha-rakteristika der Weimarer Verfassung waren Ambivalenz und Zwiespalt, und verschiedenartige Auffassungen von der Entität des Volkes waren darin inbegriffen: Einerseits strebte man nach völkischer Homogenität; dass aber kein Volk eine ausschließlich homogene Masse bilden kann, lag andererseits offenkundig auf der Hand.[66] Die daraus entstandene Wider-sprüchlichkeit erlaubte somit auch diverse Interpretationsmöglichkeiten der ‚Volksgemeinschaft'. Während das republikanische Lager bemüht war, sie mit der Verfassung zu vereinigen, erblickten die Rechten, insbesondere die Nationalsozialisten, im Begriff reinen Antiliberalismus und Antiplura-lismus.[67] Für Hitler und seine Gefolgschaft war also weniger ausschlag-gebend, wer der ‚Volksgemeinschaft' angehören sollte. Im Mittelpunkt stand viel mehr, wer nicht Bestandteil werden durfte. Der nicht zu verleug-nende völkisch-biologische Antisemitismus der Nationalsozialisten gibt dabei deutlich zu erkennen, dass Juden eben von der Hitlerschen Gemein-schaft ausgeschlossen werden sollten.[68] Mit Hitlers Machtantritt 1933 in Deutschland wurde die ‚Volksgemeinschaft' zu einem der gewichtigsten

---

63 Jeffrey *Verhey*, Der „Geist von 1914" und die Erfindung der Volksgemeinschaft (Hamburg 2000).
64 Vgl. *Wildt*, Volksgemeinschaft als Selbstermächtigung, 33–35.
65 Vgl. *Wildt*, Volksgemeinschaft als Selbstermächtigung, 45–54.
66 Vgl. Michael *Wildt*, Die Ungleichheit des Volkes. „Volksgemeinschaft" in der politischen Kommunikation der Weimarer Republik. In: Frank *Bajohr*, Michael *Wildt* (Hg.), Volksgemeinschaft. Neue Forschungen zur Gesellschaft des Natio-nalsozialismus (Frankfurt am Main 2009) 24–40, hier 26.
67 Vgl. *Wildt*, Die Ungleichheit des Volkes, 39.
68 Vgl. Michael *Wildt*, Volk, Volksgemeinschaft, AfD (Hamburg 2017) 66.

Propagandamittel, welches soziale und politische Harmonie versprach.[69] Das Dritte Reich und die darin vehement geforderte ‚Volksgemeinschaft‘ glichen einem gemeinsamen Unternehmen. Es war ein Ziel und zugleich ein Weg zum Ziel, auf dem die Menschen „arischen" Blutes aufgefordert wurden, eine zutiefst solidarische Verteidigung gegen Nicht-Volksgenossen zu errichten, indem Letztere durch das Regime schlussendlich verfolgt und ermordet wurden. Das Töten diente nicht nur als Mittel zum Zweck, sondern auch als Rechtfertigung.[70]

## 5.2  Die NS-Volksgemeinschaftsdebatte

Dem Anschein nach hatte die Mehrdeutigkeit des Volksgemeinschaftsbegriffes in der Weimarer Republik ein böses Omen: So mehrfach die ‚Volksgemeinschaft‘ in der Zwischenkriegszeit interpretiert werden konnte, so mannigfaltig und unermüdlich sind heute die theoretischen Debatten über die nationalsozialistische Variante. Die bisherigen geschichtswissenschaftlichen Diskussionen rund um das Thema NS-‚Volksgemeinschaft‘ und ihre Nützlichkeit zu einer Analyse der Gesellschaft des Nationalsozialismus haben ein nicht zu erwartendes Ausmaß angenommen. Verschriftlichte Forschungsergebnisse,[71] in denen die Wirkungsmacht der Volksgemeinschaftsformel im Dritten Reich sowie ihre konzeptionelle Bedeutsamkeit und analytische Tragweite nach dessen Untergang als zentrale Themen gelten, sind insbesondere im deutschen Raum massenhaft zu verorten. Laut Janosch Steuwer habe sich die ‚Volksgemeinschaft‘ überhaupt in ein

---

69  Siehe dazu im Allgemeinen den Sammelband von Frank *Bajohr*, Michael *Wildt* (Hg.), Volksgemeinschaft. Neue Forschungen zur Gesellschaft des Nationalsozialismus (Frankfurt am Main 2009).

70  Vgl. Jörg *Echternkamp*, Das Dritte Reich. Diktatur, Volksgemeinschaft, Krieg (Oldenbourg Grundriss der Geschichte 45, Berlin/Boston 2018) 1.

71  Siehe dazu bspw. Hans *Mommsen*, Amoklauf der „Volksgemeinschaft"? Kritische Anmerkungen zu Michael Wildts Grundkurs zur Geschichte des Nationalsozialismus. In: Neue politische Literatur 53, H. 1 (2008) 15–20; oder den Beitrag des renommierten Hitler-Biographen Ian *Kershaw*, „Volksgemeinschaft". Potenziale und Grenzen eines neuen Forschungskonzepts. In: Vierteljahreshefte für Zeitgeschichte 1 (2011) 1–17.

„zentrale[s] Signum des historiografischen Sprechens über den Nationalsozialismus zu Beginn des 21. Jahrhunderts"[72] verwandelt.
Wenngleich sich die Anzahl der wissenschaftlichen Beiträge zur ‚Volksgemeinschaft' ins Unermessliche weiterbewegen und die Kontroversen höchstwahrscheinlich kein rasches Ende nehmen werden, wäre es ein Irrsinn,
jede einzeln angestellte Überlegung der Historiker zu dieser Thematik hier
in einer Lokalstudie über Schattendorf zu erläutern. Martina Steber und
Bernhard Gotto ist es gelungen, durch ihre Beobachtungen der jahrelangen
Diskussionen folgende unerlässliche Erkenntnis zu ziehen. Gesamt betrachtet habe der Terminus ‚Volksgemeinschaft'

> „einen doppeldeutigen Gehalt angenommen: Zum einen handelt es sich um einen
> Quellenbegriff; seine Verwendungsweisen und seine Bedeutungsschichten sind
> daher ganz im Sinne historischer Quellenkritik zu analysieren und historisch zu
> bewerten. Zum anderen aber dient er der Geschichtswissenschaft als analytischer
> Leitbegriff, mit dessen Hilfe nach Richtung und Ursachen gesellschaftlicher Ver-
> änderungen gefragt wird. In ihm bündeln sich historiographische Perspektiven,
> Leitideen und methodische Entscheidungen."[73]

Wolf Gruner hingegen ist ein aktueller Kritiker des Konzepts. Er bean-
standet zum wiederholten Male die Tatsache, dass es trotz beträchtlicher
Ungenauigkeit und Vagheit der Begrifflichkeit mehrheitlich auf den Nationalsozialismus reduziert werde, obwohl der Begriff nicht als Originaler-
zeugnis der nationalsozialistischen Ideologie bezeichnet werden kann. Er
nennt zahlreiche Wissenschaftler, die alle mit dem Begriff unterschiedlich
hantieren würden und vergleicht schließlich die Auseinandersetzungen
um die ‚Volksgemeinschaft' mit der wissenschaftlichen Verwendung der
Bezeichnung ‚Genozid'. Diskussionen über letzteres Wort hätten damit
geendet, dass dem Begriff zahlreiche Definitionen gegeben wurden.[74] Für

---

72 Janosch *Steuwer,* Was meint und nützt das Sprechen von der ‚Volksgemeinschaft'? Neuere Literatur zur Gesellschaftsgeschichte des Nationalsozialismus.
   In: Archiv für Sozialgeschichte 53 (2013) 487–534, hier 487.
73 Martina *Steber,* Bernhard *Gotto,* Volksgemeinschaft – ein analytischer Schlüssel
   zur Gesellschaftsgeschichte des NS-Regimes. In: Uwe *Danker,* Astrid *Schwabe*
   (Hg.), Die NS-Volksgemeinschaft. Zeitgenössische Verheißung, analytisches
   Konzept und ein Schlüssel zum historischen Lernen? (Beihefte zur Zeitschrift
   für Geschichtsdidaktik 13, Göttingen 2017) 37–47, hier 37.
74 Vgl. Wolf *Gruner,* Das Dogma der ‚Volksgemeinschaft' und die Mikrogeschichte
   der NS-Gesellschaft. In: Detlef *Schmiechen-Ackermann,* Marlis *Buchholz,*

ihn sei daher eine Geschichtsschreibung erforderlich, die auf gesellschaft-
lichem Umgang sowie auf den Taten jedes Einzelnen basiert und in der die
zu untersuchenden Aspekte wie Reiz, Attraktivität, Verlockung, Teilhabe,
Opposition und Verfolgung wichtige Rollen einnehmen müssen.[75]

Zwei zentrale Betrachtungsweisen des Konzepts sollen trotz allem dargelegt werden, worüber sich die *Mehrheit* der Forschenden im Klaren zu
sein scheint: Erstens sei sich die Geschichtswissenschaft – so Hans-Ulrich
Thamer – im volksgemeinschaftlichen Aspekt der Vision und Illusion einig.
Keiner der Forschenden sieht in der ,Volksgemeinschaft' den „Ausdruck
sozialer Realität"[76], wohl aber eine „gesellschaftspolitische Verheißung und
Mobilisierungsstrategie"[77]. Sascha Howind spricht von einer unbewussten
gemeinsam-solidarischen Wunschregung der deutschen Bevölkerung, welche
durch die kontinuierliche Propagierung der ,Volksgemeinschaft' generiert
wurde. Das Zusammengehörigkeitsgefühl innerhalb der Gemeinschaft gliche
einem mit täuschenden Mitteln hergestellten Konstrukt durch die nationalsozialistischen Machthaber.[78]

Zweitens möge das Volksgemeinschaftskonzept Erkenntnisgewinne über
die feste Verbindung von „affektiver Integration und Zustimmungsbereit-
schaft mit der Ausgrenzung und Verfolgung von ,Gemeinschaftsfremden' "[79]
liefern. Während Demütigungs- oder Diskriminierungsaktionen gegenüber
Ausgeschlossenen – vorwiegend Juden – vonstattengingen, bedeutete die
problemlos einzunehmende Rolle eines Zuschauers, ein wahrhaftiges Glied

---

Bianca *Roitsch*, Christiane *Schröder* (Hg.), Der Ort der ,Volksgemeinschaft'
in der deutschen Gesellschaftsgeschichte (Nationalsozialistische ,Volksgemein-
schaft'. Studien zu Konstruktion, gesellschaftlicher Wirkungsmacht und Erinnerung 7, Paderborn 2018) 71–90, hier 72–76.

75 Vgl. *Gruner*, Das Dogma der ,Volksgemeinschaft', 90.

76 *Thamer*, 'Volksgemeinschaft' in der Debatte, 33.

77 ebenda.

78 Vgl. Sascha *Howind*, Der faschistische Einheitstrick. Die Suggestion von Einheit
und Gleichheit in der nationalsozialistischen ,Volksgemeinschaft'. In: Markus
*Brunner*, Jan *Lohl*, Rolf *Pohl*, Sebastian *Winter* (Hg.), Volksgemeinschaft, Täterschaft und Antisemitismus. Beiträge zur psychoanalytischen Sozialpsychologie
des Nationalsozialismus und seiner Nachwirkungen (Gießen 2011) 111–134,
hier 113–114.

79 *Thamer* ,Volksgemeinschaft' in der Debatte, 33.

der ‚Volksgemeinschaft' zu sein.[80] Wollte man sich also in der ‚Volksgemeinschaft' sicher aufgehoben fühlen, mussten die Mitglieder ihre rationalen und
reflektierenden Denkprozesse beiseitelegen. Eine Unterdrückung solchen
Denkens führte zu einem simplen Wegschauen oder bloßen Tolerieren der
Erniedrigungen „Anderer". Wollte man dennoch hinsehen und begann man
antisemitische sowie rassistische Vorfälle kritisch zu hinterfragen, konnte
es rasch passieren, selbst zum Außenseiter zu werden.

## 5.3 Die „fünf Dimensionen" nach Steber und Gotto

Martina Steber und Bernhard Gotto erkennen zwar in der ‚Volksgemeinschaft' „sicherlich kein Masterkonzept [...], um den Nationalsozialismus
insgesamt neu zu deuten."[81] Ihnen ist es aber gelungen, den Wirbelsturm
um die NS-Volksgemeinschaftsdebatte einigermaßen zu besänftigen, indem
sie fünf übersichtliche Aspekte – oder Dimensionen – des Begriffes darle-
gen, „die den Rahmen bestimmten, innerhalb dessen sich gesellschaftlicher
Wandel im NS-Regime vollzog."[82]

Erstens bedeutete der Begriff während der nationalsozialistischen Herrschaft eine „gedachte Ordnung"[83]. Das Wort war nicht nur idealistisch
aufgeladen, sondern auch Legitimation für nachdrückliche Politik. Das
Schlagwort besaß beinahe überall Gültigkeit.[84] Sowohl der schlichte Glaube
daran als auch das zuvor erwähnte Merkmal der Illusion und Vision
erklären den Umstand, warum in dieser Studie – sowie in den meisten
wissenschaftlichen Texten über die ‚Volksgemeinschaft' – der Begriff in
Anführungszeichen gesetzt wird.

Zweitens verhieß die ‚Volksgemeinschaft' der Bevölkerung eine „strah-
lende Zukunft"[85] und eine „Verbesserung des Lebensstandards"[86]. Diese
Versprechungen hatten jedoch die Bedingung, dass der Glaube „an ‚mehr

---

80 Vgl. *Thamer*, ‚Volksgemeinschaft' in der Debatte, 33.
81 *Steber, Gotto*, ‚Volksgemeinschaft' – ein analytischer Schlüssel zur Gesellschaftsgeschichte, 38.
82 ebenda, 41.
83 ebenda.
84 Vgl. ebenda.
85 ebenda.
86 ebenda.

Volksgemeinschaft' im Morgen als im Heute"[87] dabei nicht verloren gehen durfte. Sowohl sogenannte Eintopfsonntage,[88] der Erwerb des Mutterkreuzes[89] als auch glamouröse und pompöse Festivitäten sollten dies unmissverständlich zum Ausdruck bringen.[90]

Drittens transportierte der Begriff ein „dichotomisches Zuschreibungssystem"[91]. Auch Nicht-Juden konnten aus der ‚Volksgemeinschaft' ausgeschlossen werden, ließen sie sich etwas zu Schulden kommen, das nicht dem Gemeinschaftsbild der nationalsozialistischen Ideologie entsprach. Die individuelle Stellung in der ‚Volksgemeinschaft' war keineswegs auf Dauer gesichert, sondern musste immer wieder verteidigt werden.[92]

Viertens war der Volksgemeinschaftsterminus eine „Referenz- und Begründungsstrategie"[93] und somit ein effizientes Handwerkszeug zur Interessensdurchsetzung. Wollte man ein bestimmtes gesellschaftliches Ziel erreichen, bestimmten Bedürfnissen nachkommen oder gewisse Probleme lösen, so argumentierte man schlichtweg immer mit der ‚Volksgemeinschaft'.[94]

Die fünfte und letzte Dimension der Begrifflichkeit ist jene, die am wahrscheinlichsten auf begrenztem Raum beobachtet werden kann und sich somit auf einen Ort wie Schattendorf effizient anwenden lässt. Die „Handlungsdimension"[95] wird wie folgt erläutert:

> „Sie enthielt den eindringlichen Appell, die nationalsozialistische Gesellschaftsutopie im Alltag – in der Nachbarschaft, in der Familie, im Berufsleben – zu realisieren, koste

---

87  ebenda, 42.
88  Der Eintopfsonntag war eine gemeinschaftliche Sparmaßnahme. Anstatt Schweinebraten zu essen, „opferte" man sich gemeinsam und verzehrte Eintopfgerichte. Die dadurch gesparten Kosten wurden gespendet. Vgl. *Echternkamp*, Das Dritte Reich, 60.
89  Zum Beispiel wurden in der Gemeinde Wiesen einige kinderreiche Mütter mit diesem Preis ausgezeichnet.
    Vgl. Johann *Kriegler*, Wiesen im Burgenland. Erlebtes – Gehörtes – Geschautes (Wiesen 2002) 22.
90  Vgl. *Steber, Gotto*, ‚Volksgemeinschaft' – ein analytischer Schlüssel zur Gesellschaftsgeschichte, 42.
91  ebenda.
92  Vgl. ebenda, 42–43.
93  ebenda, 43.
94  Vgl. ebenda.
95  ebenda.

es, was es wolle. Dies entsprach ganz der nationalsozialistischen Verherrlichung der Tat. *Volksgemeinschaft* sollte situativ und vor Ort ‚gemacht' werden. [...] *Volksgemeinschaft* lernte man durch praktisches Einüben. Die soziale Praxis ermöglichte Teilhabe und eröffnete Gestaltungsspielräume. Das nationalsozialistische *Volksgemeinschafts*-Projekt wurde mithin nicht nur erlitten oder erlebt, sondern von vielen mitgestaltet."[96]

Werden in dieser Studie über Schattendorf jene Dimensionen ersichtlich, spiegeln diese Umstände nicht nur die Besonderheiten des nationalsozialistischen Alltags und der utopischen ‚Volksgemeinschaft' wider, sondern gewähren auch Einsicht in das Ausmaß des gesellschaftspolitischen Wandels, dem die Dorfbevölkerung unterlag.

# 6. Rotarmisten im Burgenland: Befreier oder Besatzer?

Welches Bild trägt nun der fachwissenschaftliche Diskurs innerhalb der österreichischen Zeitgeschichtsforschung bezogen auf das Ende des Nationalsozialismus in Österreich? War man befreit vom Joch der Hitlerschen Unterwerfung, von Hitlers ‚Volksgemeinschaft', oder wurde diese bloß „verdrängt" durch eine militärische Fremdverwaltung der zuvor einmarschierten alliierten Truppenverbände? Sprach man von einer schlimmen Niederlage oder vom Anbeginn eines neuen und hoffnungsvollen Zeitabschnittes? Trauerte man der ‚Volksgemeinschaft' möglicherweise nach? Sollte die persönliche Überzeugung von einer Besatzung in Schattendorf größer gewesen sein als jene einer Befreiung, so *könnte* eine derartige Attitüde der Menschen einen noch immerwährenden Volksgemeinschaftsgedanken unter NS-Vorzeichen in den Jahren nach dem Krieg implizieren. Die Debatten um die Befreiungsfrage sollen im Folgenden kurz erläutert werden. In allgemeiner Hinsicht wird zuvor aber noch der Besatzungsaspekt des Zusammenhangs zwischen Kontinuität und Einfluss auf die Bevölkerung hervorgehoben:

„Je länger eine Besatzung dauerte und je mehr Lebensbereiche sie betraf, desto nachhaltiger fiel ihre gesellschaftliche Nachwirkung aus."[97] „[Auch sei entscheidend] das Auftreten der Besatzer, vornehmlich in der frühen Phase der Okkupation, in vielerlei Hinsicht über die Reaktion der Besetzten."[98]

---

96 ebenda, 43–44.
97 Günther *Kronenbitter*, Markus *Pöhlmann*, Dierk *Walter* (Hg.), Besatzung. Funktion und Gestalt militärischer Fremdherrschaft von der Antike bis zum 20. Jahrhundert (Krieg in der Geschichte 28, Paderborn 2006) 14.
98 *Kronenbitter, Pöhlmann, Walter* (Hg.), Besatzung, 15.

Die Historikergruppe um Stelzl-Marx bewahren dabei die ausgesprochen neutrale Erkenntnis, dass das Eindringen der Rotarmisten in Ostösterreich Ende März 1945 die Befreiung von der NS-Herrschaft einleitete, zugleich aber auch die militärische Besatzung bedeutete. Knapp eine halbe Million sowjetische Soldaten betraten zu Kriegsende Österreich, wovon ungefähr bis Herbst desselben Jahres die Hälfte wieder abgezogen wurde.[99] Laut Feymann hätten die von grausamen Vorkommnissen geprägten frühen Nachkriegswochen die Schreckenstaten des NS-Regimes verwischt und somit die Augen der Einheimischen getrübt.[100] Adi Lang wiederum, welcher auf die Betrachtungsweisen seines Kollegen Herbert Brettl zurückgreift, formuliert das Erscheinungsbild der Sowjets etwas extremer. Er meint, die Rotarmisten wären im Burgenland immer Eindringlinge und Störenfriede geblieben, welchen man mehr misstrauisch als vertrauensvoll begegnete. Nicht oft hätten sich freundschaftliche Beziehungen zwischen den Ansässigen und den Soldaten ergeben.[101] Brettls These scheint bis heute in der einschlägigen Literatur über die Nachkriegszeit im Burgenland also nicht widerlegt worden zu sein. Den Burgenländern blieben die Sowjets also vorwiegend als Besatzer im Gedächtnis. Er schreibt:

„Vor allem in den ersten Wochen musste die Bevölkerung die brutalen Übergriffe und Erniedrigungen wie Plünderungen, Zerstörungen und Vergewaltigungen schweigend ertragen. Sie war gezwungen, sich den Besatzungsbehörden eines Volkes unterzuordnen, von dem ihr beigebracht worden war, dass es ihrem eigenen in jeder Hinsicht unterlegen war."[102]

Ob der sowjetische Nachkriegsalltag in Schattendorf ähnliche Ausmaße und Reaktionen annahm, wird gegen Ende dieser Arbeit ersichtlich.

99  Vgl. Barbara *Stelzl-Marx*, Olga *Pavlenko*, Alexander *Bezborodov*, Die Rote Armee in Österreich 1945–1955. In: Stefan *Karner*, Alexander *Tschubarjan* (Hg.), Österreich – Russland. Stationen gemeinsamer Geschichte (Veröffentlichungen des Ludwig-Boltzmann-Instituts für Kriegsfolgenforschung 18, Graz/Wien 2018) 173–202, hier 173.
100 Vgl. *Feymann*, Die langen Schatten der Vergangenheit, 290.
101 Vgl. *Lang*, NS-Regime, Kriegsende und russische Besatzungszeit im Südburgenland, 378.
102 Herbert *Brettl*, Befreier und Besatzer. In: *Amt der Burgenländischen Landesregierung, Abteilung 7 – Landesmuseum* (Hg.), Russenzeit. Befreiung 1945 – Freiheit 1955 (Wissenschaftliche Arbeiten aus dem Burgenland 113, Eisenstadt 2005) 22–30, hier 23–24.

# III. Schattendorf im Burgenland

## 7. Zur Geographie und Demographie

Karl Vocelka ist in seinem überblicksmäßigen Standardwerk zur österreichischen Geschichte ein geographisch beißend-schmerzhafter Fehler unterlaufen, der hier unbedingt korrigiert werden muss. Die an Ungarn grenzende Gemeinde Schattendorf, umgeben von den Nachbarortschaften Baumgarten, Loipersbach, Klingenbach und dem ungarischen Agendorf, liegt nicht, wie von ihm dargelegt,[103] im Süden des Burgenlandes, sondern gehört heute – wie auch schon vor mehr als neunzig Jahren – dem politischen Verwaltungsbezirk Mattersburg im noch nördlichen Teil des Bundeslandes an. Schattendorf hatte bereits in der Zwischenkriegszeit Großgemeindecharakter. Zu Kriegsbeginn 1939 zählte die Gemeinde 2.568[104] Einwohner. Nach dem Krieg – Stichtag war der 15. September 1945 – betrug die Zahl des Personenstandes 2.382 Ansässige,[105] aufgeteilt auf 502 Haushalte.[106]

## 8. Zur Zwischenkriegszeit – Kontextualisierung

### 8.1 Wirtschaftliche Entwicklung

Nach dem Ende des Ersten Weltkrieges herrschte in Schattendorf wirtschaftliches Elend. Die Häuser waren sanierungsbedürftig geworden und die Ernährungslage war katastrophal.[107] Mit der Angliederung des Burgenlandes an Österreich 1921 waren für Schattendorf nicht wirklich ökonomische Vorteile entstanden. Die nahe Stadt Ödenburg, heute

---

103 Vgl. Karl *Vocelka*, Geschichte Österreichs. Kultur – Gesellschaft – Politik (München ⁶2002) 287.
104 Bevölkerungsentwicklung 1869–2019, online unter https://www.statistik.at/ blickgem/G0201/g10612.pdf (25. 7. 2019).
105 *SGA*, Akte 1945, Nr. 89: Seifenausgabe – Antwort an die BH Mattersburg (15. 9. 1945).
106 *SGA*, Akte 1945, Nr. 185: Formblätter Hausbrandversorgung – Antwort an die BH Mattersburg (23. 11. 1945).
107 Vgl. Walter *Schneeberger*, Vom Frondienst zum Grundbesitz. Die Revolution 1848 und ihre Folgen. In: *Marktgemeinde Schattendorf* (Hg.), Schattendorf. Seine Geschichte und seine Menschen (Schattendorf 2003) 72–83, hier 82.

Sopron, in welcher die Schattendorfer Bauernschaft ihren Hauptabsatzmarkt gehabt und mit Milchprodukten, Gemüse, Eiern etc. gehandelt
hatte, blieb bei Ungarn und ging somit verloren. Als neuer Teil der jungen
Republik Österreich war das Dorf nun zu einer Grenzortschaft geworden. Aufgrund der bundeslandweiten Armut prägte der Schmuggel das
Alltagsleben der Schattendorfer.[108]
    Burgenländische Industriebetriebe waren mehrheitlich an der niederösterreichischen und steirischen Grenze zu verorten. Mattersburg hatte sich
zu einem bedeutenden Viehmarkt entwickelt. Vorwiegend Kleinbetriebe bildeten die Gewerbewirtschaft und konzentrierten sich hauptsächlich auf die
Nah- und Lokalversorgung. Nichtsdestoweniger blieb aber die Kaufkraft
der weitgehend landwirtschaftlich geprägten Bevölkerung klein.[109] Ungefähr
zwei Drittel der arbeitsfähigen Burgenländer waren in den 1920er-Jahren
in der von starker Geldnot gezeichneten Land- und Forstwirtschaft tätig.[110]
Des Weiteren stellte sich die Schaffung von mehreren Tourismusangeboten
als unmöglich heraus, da es an infrastrukturellen Voraussetzungen fehlte.[111]
Diese triste Lage des burgenländischen Arbeitsmarktes hatte eine intensive
Auswanderungswelle zur Folge,[112] an der sich auch einige Schattendorfer
beteiligten und auf den Weg in die argentinische Hauptstadt Buenos Aires

108 Vgl. *Bauer*, 30. Jänner 1927, 18–20.
109 Vgl. Herbert *Brettl*, Siedlungs- und Wirtschaftsentwicklung im burgenländisch-
    westungarischen Raum. Bergbau, Industrie, Handel und Gewerbe nach 1921.
    In: *Amt der Burgenländischen Landesregierung, Abteilung 7 – Landesmuseum*
    (Hg.), Historischer Atlas Burgenland (Wissenschaftliche Arbeiten aus dem
    Burgenland 141, Eisenstadt 2011) 198–199.
110 Vgl. Herbert *Brettl*, Siedlungs- und Wirtschaftsentwicklung im burgenländisch-
    westungarischen Raum. Landwirtschaft vor 1945. In: *Amt der Burgenländi-
    schen Landesregierung, Abteilung 7 – Landesmuseum* (Hg.), Historischer Atlas
    Burgenland (Wissenschaftliche Arbeiten aus dem Burgenland 141, Eisenstadt
    2011) 206–207.
111 Vgl. Herbert *Brettl*, Siedlungs- und Wirtschaftsentwicklung im burgenländisch-
    westungarischen Raum. Fremdenverkehr in der Zwischenkriegszeit. In: *Amt
    der Burgenländischen Landesregierung, Abteilung 7 – Landesmuseum* (Hg.),
    Historischer Atlas Burgenland (Wissenschaftliche Arbeiten aus dem Burgen-
    land 141, Eisenstadt 2011) 214–215.
112 Vgl. *Brettl*, Nationalsozialismus im Burgenland, 33–36.

begaben, um dort ihr Glück zu versuchen. Nur wenige kehrten wieder heim.[113]

Die Weltwirtschaftskrise 1929 war auch in der burgenländischen Grenzgemeinde deutlich spürbar. Einige Dorfbewohner hatten eine Beschäftigung in der Baubranche gefunden und gingen Maurer- und Hilfsarbeitstätigkeiten nach. Ende 1932 waren bereits über 350 Schattendorfer arbeitslos geworden.[114] 1933 erreichte die Krise überhaupt den Gipfel des Berges in Österreich: Die Regierung Dollfuß trug durch eine „völlig verfehlte Budgetpolitik"[115] nicht gerade förderlich zur damaligen sozioökonomischen wie politischen Lage bei. Insbesondere die Kürzungen im Sozialleistungsbereich hatten zur Folge, dass die ärmsten Schichten der Bevölkerung den Nationalsozialisten hoffnungsvoll in die Hände liefen. Ihre politische Einstellung spielte dabei keine Rolle.[116] Eine exakte Skizzierung der Wirtschaftspolitik während des Dollfuß-Schuschnigg-Regimes ist hier aus Platzgründen nicht möglich. Jedenfalls zog es die Regierung vor, effiziente Mittel zur Bekämpfung der österreichweiten Arbeitslosigkeit[117] nicht in Erwägung zu ziehen.

Die Propagandamaschinerie der Nationalsozialisten hingegen setzte all ihre Kräfte ein, um Überzeugungsarbeit bei den Bürgern zu leisten. Maßnahmen wie die Bereitstellung von Arbeit und Nahrung, wirtschaftlicher Aufschwung, die Eingliederung Österreichs in das Deutsche Reich, die Beseitigung des linken Lagers und des Judentums – die Juden hätten laut NSDAP auch die Verantwortung für die Weltwirtschaftskrise getragen – sowie die Behütung vor dem Kapitalismus wurden versprochen. Da Verbesserungen der wirtschaftlichen Lage auch in den wenigen Jahren vor dem „Anschluss" nicht erkennbar waren, wurde der Wunsch nach einer neuen

---

113 Vgl. Erwin *Kurz*, Auswanderer aus Schattendorf. In: *Marktgemeinde Schattendorf* (Hg.), Schattendorf. Seine Geschichte und seine Menschen (Schattendorf 2003) 456–462, hier 460.

114 Vgl. *Bauer*, Vom Beginn der Aufbauarbeit bis zum Ende des Zweiten Weltkrieges, 93.

115 *Buchmann*, Insel der Unseligen, 96.

116 Vgl. *Buchmann*, Insel der Unseligen, 96–97.

117 Vgl. Emmerich *Tálos*, Das austrofaschistische Herrschaftssystem. Österreich 1933–1938 (Politik und Zeitgeschichte 8, Wien/Berlin 2013) 313–326.

Führungsspitze zur Beseitigung aller sozioökonomischen Probleme immer
größer.[118]
    In den Jahren 1933 bis 1937 konnte die deutsche Wirtschaft ein Wachs-
tum von 43 Prozent verzeichnen. Es darf daher nicht überraschen, dass
die österreichische Bevölkerung eine gewisse Eifersucht verspürte und
scheelsüchtig ihre Augen auf Deutschland richtete.[119] 1938 befand sich das
Schuschnigg-Regime hingegen immer noch auf mürben Beinen, denn das
Unvermögen, die konjunkturellen Schwierigkeiten zu meistern sowie eine
erfolgreiche Beschäftigungspolitik zu verfolgen, hatte großes Misstrauen der
Bevölkerung gegenüber seinem Kabinett zur Folge.[120] Dass auch das Gros
der Schattendorfer die Versprechungen der Nationalsozialisten willkommen
hieß, steht außer Frage.
    Johann Pinter, Jahrgang 1929, musste schon in seiner Kindheit in der
Landwirtschaft mithelfen. Er erinnerte sich daher noch gut an den damaligen Zustand des österreichischen Arbeitsmarktes in den wenigen Jahren vor
der Einverleibung Österreichs durch Hitler-Deutschland. Seine felsenfeste
Überzeugung, dass die menschliche Arbeit den größten Stellenwert im Leben
einnehmen sollte, ist hier nicht zu überhören:

> „Ich spreche jetzt nicht nur von uns, aber der Großteil war begeistert. Es ist ja
> schon durchgedrungen, dass in Deutschland alle eine Arbeit haben. […] und dann
> kommt die Nachricht, dass dort einer ist, dort haben alle Arbeit. In meinen Augen
> fragt niemand, ob [jemand] links oder rechts oder in der Mitte ist. […] Arbeit ist
> über alles – in meinen Augen."[121]

Die Wirtschaftslage kurz vor dem „Anschluss" konnte auch noch von der
Schattendorferin Ida Grafl, die 1938 bereits 14 Jahre alt war, sehr einfach gedeutet werden. Sie meinte, dass das Anschlussjahr im Allgemeinen
sehr schlecht gewesen sei. Große Armut kennzeichnete den Alltag in der

---

118  Vgl. *Brettl*, Nationalsozialismus im Burgenland, 36.
119  Vgl. *Buchmann*, Insel der Unseligen, 214.
120  Vgl. Fritz *Weber*, Zwischen abhängiger Modernisierung und Zerstörung.
     Österreichs Wirtschaft 1938–1945. In: Emmerich *Tálos*, Ernst *Hanisch*, Wolf-
     gang *Neugebauer*, Reinhard *Sieder* (Hg.), NS-Herrschaft in Österreich. Ein
     Handbuch (Wien 2000) 326–347, hier 327.
121  Oral History Interview mit Johann Pinter (*1929), 9. 7. 2019, Schattendorf;
     Audiofiles und Transkription in meinem Besitz.

Ortschaft, und die arbeitsfähigen Dorfbewohner seien äußerst bemüht gewesen, „irgendwo unterzukommen", sprich Arbeit zu erhalten.[122]

## 8.2 Politische Entwicklung

Verspätet bildete sich in Schattendorf im August 1922 eine erste Gemeindeverwaltungskommission heraus.[123] Infolgedessen hatte in der Gemeinde bis 1934 die Sozialdemokratie die Oberhand.[124] In den Jahren 1933 bis 1938 kam es zur Aushöhlung der Demokratie und ihrer Prinzipien. Das Dollfuß-Schuschnigg-Regime fand in einem autoritären Herrschaftssystem seinen Ausdruck, in welchem politisch Andersdenkende in „Anhaltelager" gebracht wurden sowie Presse- und Versammlungsfreiheit einer völligen Einschränkung unterlagen.[125] Als Konsequenz des Februaraufstandes 1934 wurde die SDAP dissoziiert. Schattendorf blieb klarerweise davon nicht ausgenommen: Ihre Mitglieder mussten gezwungenermaßen ausscheiden, und ein von der Vaterländischen Front (VF) neu vorgeschlagener Gemeindetag, welcher darauffolgend einen Gemeindevorstand wählte, wurde aufgestellt.[126]

Bis zu ihrem landesweiten Betätigungsverbot ab 1933 hatte die NSDAP im Bezirk Mattersburg kein organisatorisch solides Fundament.[127] In Schattendorf kam es erst im Zuge des Juliputsches 1934 zu einer Verhaftung eines nationalsozialistischen Parteianhängers. Der burgenländische Sicherheitsdirektor hatte zuvor den Auftrag erteilt, Führende der NSDAP vom 26. auf den 27. Juli 1934 festzunehmen und dem Mattersburger Bezirksgericht zu übergeben. Michael Tranker, geboren am 6. Februar 1891, war Landwirt und galt als ein bestätigter Nationalsozialist in Schattendorf. Er wurde noch

---

122  Oral History Interview mit Ida Grafl (*1924), 16. 4. 2019, Schattendorf; Audiofiles und Transkription in meinem Besitz.

123  Vgl. *Bauer*, Vom Beginn der Aufbauarbeit bis zum Ende des Zweiten Weltkrieges, 85.

124  Vgl. Alfred *Grafl*, Die politische Gemeinde. In: *Marktgemeinde Schattendorf* (Hg.), Schattendorf. Seine Geschichte und seine Menschen (Schattendorf 2003) 199–202, hier 199.

125  Vgl. *Buchmann*, Insel der Unseligen, 94–231.

126  Vgl. *Bauer*, Vom Beginn der Aufbauarbeit bis zum Ende des Zweiten Weltkrieges, 94–95.

127  Vgl. *Brettl*, Nationalsozialismus im Burgenland, 38.

am selben Tag verhaftet und dem Gericht überstellt. Um ihn jedoch wegen
Hochverrats zu verurteilen, fehlte es an jeglichen Beweisen.[128] Der „Nazi-
Tranker" war schon ein Jahr zuvor negativ in den Medien aufgefallen. Dem
„Gesinnungslumpen" wurde Missbrauch der Arbeitslosen in Schattendorf
vorgeworfen.[129] Gut zwei Jahre später, am 13. Dezember 1936, dürfte die
örtliche Gendarmerie auch einiges zu tun gehabt haben. Michael Pinter[130]
wurde aufgrund nationalsozialistischer Parolen, Peter Trimmel[131] wegen
sozialistischer Betätigung zur Anzeige gebracht. Laut den Vorfallberich-
ten seien beide schwer alkoholisiert im Gasthaus Tscharmann anzutreffen
gewesen und hätten politische Parolen von sich gegeben. Beide Vorfälle im
Wirtshaus sowie der Fall Michael Tranker zeigen klar und deutlich, dass
jedes Anzeichen einer differierenden politischen Gesinnung, welches nicht
dem Stimmungsbild und der Ideologie der vaterländischen Partei entsprach,
im Keim durch sie erstickt wurde.

Ab 1933 – jenes Jahr, in welchem Hitler als Reichskanzler in Deutschland
die Macht übernahm[132] – kam es zur Bildung einer illegalen Untergrund-
bewegung der Nationalsozialisten im Burgenland. Dieser explodierende
Andrang hatte im April 1935 die Bildung des „Gaues Burgenland" zur
Folge, in welchem Dr. Tobias Portschy als Gauleiter fungierte. Zugleich
entwickelten sich eine aus 3.000 Mann bestehende „SA-Brigade Burgenland" sowie zwei Jahre später eine Schutzstaffel-Gruppe (SS), welche 230
Mitglieder zählte.[133] Die burgenländischen Anhänger Hitlers gingen nun
motiviert an das Werk: Es folgte eine Flut an Propagandaaktionen verbunden mit mehreren Werbeveranstaltungen, und erste Ortsgruppen bildeten
sich im Großteil der Gemeinden heraus. Die zuvor thematisierte wirtschaftliche Notlage und die von der Regierung Dollfuß gesetzten staatlichen

---

128 *Burgenländisches Landesarchiv (BLA)*, Bezirksgericht Mattersburg, Strafakte,
    Z 201/34, Michael Tranker.
129 Der Nazi-Tranker mißbraucht die Arbeitslosen. In: Burgenländische Freiheit,
    Jg. 13, Nr. 5 (3. 2. 1933) 4.
130 *BLA*, Lage-, Vorfall- und Informationsberichte, A/VIII-14/III/1, E. 1785,
    Michael Pinter.
131 *BLA*, Lage-, Vorfall- und Informationsberichte, A/VIII-14/III/1, E. 1786, Peter
    Trimmel.
132 Vgl. *Echternkamp*, Das Dritte Reich, 12–26.
133 Vgl. *Brettl*, Nationalsozialismus im Burgenland, 47–48.

Sparmaßnahmen erwiesen sich für die protestierenden und aufständischen Nationalsozialisten als sehr vorteilhaft. Die Mehrheit der burgenländischen Bevölkerung zeigte allmählich immer größeren Gefallen an ihnen.[134] Während zum Beispiel die Nachbargemeinde Loipersbach in den Jahren 1936 und 1937 sporadisch zu einem Ort nationalsozialistischer Betätigung und Propagandaversuche wurde – laut Gendarmerie handelte es sich hierbei um den Erwerb von nationalsozialistischen Zeitungen[135] sowie um das Ausstreuen von selbst gebastelten Hakenkreuzen[136] –, blieben energischere Aktivitäten von fanatischen NSDAP-Anhängern, die es mit Sicherheit gab, in Schattendorf aber aus. Der Fall Michael Pinter gilt als nennenswerte, aber eher bedeutungslose Ausnahme.

In den wenigen Wochen vor dem „Anschluss" war dem Anschein nach sogar eine vehemente politische Gegenströmung wahrnehmbar. Die Gemeinde wurde regelrecht zu einem Schauplatz „vaterländischer" Gegenpropaganda. Die im Jahr 1922 geschaffene Verbandszeitschrift des christlichsozialen Lagers, das *Burgenländische Volksblatt*[137], war äußerst bemüht, dem Nationalsozialismus journalistisch tatkräftig entgegenzuwirken. Der Schattendorfer Georg Guttmann war exakt einen Monat vor dem „Anschluss" verstorben. Die Zeitung berichtete Anfang März 1938 darüber:

> „Vom 11. auf den 12. Februar in der Nacht wurde […] ein 43jähriger Familienvater […] vom Leben abberufen. Er arbeitete noch abends mit seinem Sohne […] an einer Aufgabe, legte sich um 9 Uhr abends zu Bett und war um Mitternacht schon eine Leiche. Der verstorbene Kamerad […] war auch Gemeindetagsmitglied […]. Er war ein begeisterter Anhänger und Kämpfer für das neue Österreich. Noch nie hat unsere Gemeinde eine so imposante Leichenfeier gesehen als diese unseres Kameraden Georg Guttmann. Unter Musikklängen und in Begleitung fast aller Gemeindebewohner wurde er am 13. Februar zu Grabe getragen. […]"[138]

134 Vgl. *Brettl*, Nationalsozialismus im Burgenland, 40.
135 *BLA*, Lage-, Vorfall- und Informationsberichte, A/VIII-14/III/1, E. 1461, Johann Aminger.
136 *BLA*, Lage-, Vorfall- und Informationsberichte, A/VIII-14/III/2, E. 749 (E. 5728), NS-Propaganda.
137 Vgl. Pia *Bayer*, Die Schüsse von Schattendorf 1927 im Spiegelbild der burgenländischen Presse. In: Norbert *Leser*, Paul *Sailer-Wlasits* (Hg.), 1927: als die Republik brannte. Von Schattendorf bis Wien (Wien/Klosterneuburg 2002) 163–192, hier 164.
138 Bedauerlicher Todesfall. In: Neues Burgenländisches Volksblatt, Jg. 2, Nr. 10 (4. 3. 1938) 9.

Wie lauteten also die genauen Todesumstände von Georg Guttmann? Ein derartiger Zeitungsbericht über das plötzliche Ableben eines Schattendorfers vermittelt den Eindruck, er wäre in Überzeugung an ein bestehendes Österreich aufgrund eines vermutlichen Herzversagens gestorben. War Herr Guttmann über die bevorstehende Machtübernahme der Nationalsozialisten zutiefst besorgt gewesen? Diese Frage muss bedauerlicherweise unbeantwortet bleiben. Dennoch diente seine Todesanzeige wohl eher nur dem Propagandazweck, den Glauben an ein einheitliches und antinationalsozialistisches Österreich unter der burgenländischen Bevölkerung aufrechtzuerhalten.

Die lokale Parteienorganisation der VF in Schattendorf war ebenfalls noch kurz vor dem „Anschluss" politisch sehr engagiert gewesen. Ungefähr eine Woche vor Guttmanns Todesanzeige und zwei Wochen vor dem Einmarsch der deutschen Wehrmacht in Österreich informierte ein weiterer Zeitungsbericht die Bevölkerung über eine politische Kundgebung im Ort:

> „Im Monat Jänner wurden zwei gut besuchte Heimabende abgehalten, in welchen [...] vom Hauptgruppenwerbeleiter ein interessanter Vortrag folgte. Es wurden die Grundpfeiler der ‚Maiverfassung – christlich, deutsch, berufsständisch und autoritär' eingehend erklärt nach dem Motto unseres verewigten Kanzlers: ‚Wir wollen einen sozialen, christlichen, deutschen Staat mit starker autoritärer Führung.' Die Vorträge wurden mit großer Aufmerksamkeit aufgenommen. [...]"[139]

Ob nun tatsächlich diese Veranstaltung aufmerksam mitverfolgt wurde, lässt sich nicht mehr nachprüfen. Fest steht, dass die Einheitspartei VF vor dem Verschwinden Österreichs auf der politischen Landkarte große propagandistische Schritte unternahm, um die Einflussnahme der NSDAP weit zurückzudrängen und eine ‚Volksgemeinschaft' nach nationalsozialistischen Vorzeichen zu verhindern. Schattendorf kam dabei immer wieder in das Rampenlicht des Geschehens, was sicherlich das alltägliche Leben der Dorfbewohner nicht unwesentlich beeinflusste. Dies war erneut der Fall in Bezug auf Kurt Schuschniggs Rede vor der Öffentlichkeit am 24. Februar,[140] die beinahe von allen Ländern Europas in ihren Radios gesendet wurde und

---

139 Tätigkeit der V.F. In: Neues Burgenländisches Volksblatt, Jg. 2, Nr. 9 (25. 2. 1938) 9.
140 Vgl. *Buchmann*, Insel der Unseligen, 230.

mit den berühmten und emotional aufgeladenen Worten „Bis in den Tod Rot-Weiß-Rot!"[141] endete:

> „Auch bei uns gab es ziemliche Aufregung [...]. Alles richtete sich zur großen Feststunde. In der Schule waren zwei Hörstuben, im Gemeindehaus eine Hörstube eingerichtet; weiter hatten alle Gasthäuser und auch Privathäuser ihre Radioapparate in den Dienst der Heimat gestellt. Alle Räume [...] waren überfüllt. Mit großer Spannung wartete man und lauschte dann der Rede unseres heldenmütigen Frontführers. [...] Aus den Herzen so vieler hat der Herr Kanzler gesprochen, als er die unverletzbare Selbständigkeit Österreichs aufs neue erklärte. Im Namen der Bevölkerung des historischen Ortes Schattendorf, von wo aus die Erneuerung Österreichs ihren Anlaß fand, soll unserem unerschrockenen Kanzler hier Dank gesagt werden für seine offenen, österreichischen Worte, die uns alle wieder gestärkt und gestählt haben. Heil Schuschnigg, unser Führer! Mit dem Abspielen des Marsches ‚O du mein Österreich' nahm die Feststunde ihr Ende."[142]

Wie fest glaubte man in Schattendorf an ein Weiterbestehen Österreichs nun wirklich? War dieser Glaube nicht schon durch den Volksgemeinschaftsgedanken, welcher von den Nationalsozialisten ununterbrochen generiert wurde, verdrängt worden? Erkannte die Dorfbevölkerung in Kurt Schuschnigg immer noch das Ebenbild einer glorreichen Zukunft des Landes oder sollte er schleunigst durch den charismatischen Führer Adolf Hitler ersetzt werden? Letzterer würde doch alle Deutschen in einer rassisch-reinen Gemeinschaft vereinen, um dann gemeinsam den Weg zur Eintracht anzutreten.

## 9. Der „Anschluss" 1938

### 9.1 Unspektakuläre Märztage im Dorf

Gesamtpolitisch betrachtet wies Schuschniggs Regierung zu viele Schwächen auf. Völlig eingeengt von seinem großen nördlichen Nachbarn Deutschland, wagte der verzweifelte und hilflose österreichische Bundeskanzler einen letzten Befreiungsschritt aus den nationalsozialistischen Klammern. Eine Volksabstimmung am 13. März 1938, zu der es bekanntlich nie kam, hätte Österreich vor einer Unterwerfung durch die Nationalsozialisten retten

---

141 Zit. in: *Buchmann*, Insel der Unseligen, 229.
142 Zur Kanzlerrede. In: Neues Burgenländisches Volksblatt, Jg. 2, Nr. 10 (4. 3. 1938) 9.

sollen. Der Nationalsozialist Dr. Arthur Seyß-Inquart wurde noch am selben Tag nach Schuschniggs Abschlussrede – es war die Nacht vom 11. auf den 12. März – von Bundespräsident Wilhelm Miklas zum Bundeskanzler ernannt. Nur Stunden später übertraten deutsche Soldaten die österreichische Grenze. Hitlers Entschluss am 13. März, die österreichische Souveränität beiseitezuschaffen und eine Volksabstimmung für den 10. April anzusetzen, spiegelte sich im „Bundesverfassungsgesetz über die Wiedervereinigung Österreichs mit dem Deutschen Reich" wider.[143] Das Burgenland hingegen ging schon kurz vor Seyß-Inquarts Ernennung zum Kanzler widerstandslos an die Nationalsozialisten verloren.[144] Österreich war damit auf der politischen Landkarte verschwunden und der „Anschluss" galt mit dem 12. März indirekt und rein praktisch als vollzogen, auch wenn die zur endgültigen Legitimation dienende Volksabstimmung noch bevorstand.

Norbert Pingitzer präsentiert in seiner bildhaften Dokumentation zum „Anschluss" 1938 Zeitungsartikel über die feierliche Neuordnung in den burgenländischen Ortschaften. Die Zeitungsnamen werden bedauerlicherweise nicht angeführt. Er listet 29 Orte alphabetisch auf, keiner davon ist jedoch dem Bezirk Mattersburg zuzuordnen. Die nicht genannten burgenländischen Wochenzeitungen berichteten über diverse Kundgebungen, Kranzniederlegungen, Aufmärsche, Hakenkreuzfeuer sowie Fackel- und Festzüge der Nationalsozialisten in Städten, wie zum Beispiel Eisenstadt, Rust oder Oberwart. Auch in kleineren Dörfern, wie beispielsweise Mischendorf, Kohfidisch oder Bad Tatzmannsdorf, war das Spektakel nicht zu übersehen und überhören. Die burgenländische Grenzgemeinde Schattendorf findet in seinen Darstellungen nirgendwo Erwähnung.[145]

Hatten also in der Ortschaft tatsächlich keine nationalsozialistischen Festaktivitäten in der zweiten Märzwoche stattgefunden oder war der eben erwähnte Autor bei seinen Zeitungsrecherchen nicht genau genug? Auch für diese Studie konnte kein Zeitungsbericht gefunden werden, der über das euphorische Auftreten der Nationalsozialisten in der Gemeinde

---

143 Vgl. *Buchmann*, Insel der Unseligen, 231–242.
144 Vgl. *Brettl*, Nationalsozialismus im Burgenland, 72.
145 Vgl. Norbert *Pingitzer*, Der „Anschluss" 1938 Burgenland mit einem Exkurs nach Wien. Eine kompakte, reich bebilderte Dokumentation (Schwarzach 2018) 99–108.

Schattendorf berichtet hätte. Geheime Untergrundaktivitäten fanatischer Parteianhänger kurz vor Hitlers Herrschaftsübernahme habe es dennoch gegeben, so Martha Grasl,[146] Jahrgang 1928. Sie wusste noch genau, was ihr Bruder damals der Familie erzählt hatte:

> „Da hat es geheißen [...] unser Sepp ist immer zum Plank (Anm.: Michael Plank, zweiter NSDAP-Bürgermeister[147]) runtergegangen und [dann] ist er nach Hause gekommen und hat gesagt: ‚Mutter, ich weiß nicht, da sind im Keller unten Männer und die marschieren vor dem Hitler (unv.)'. Die sind richtige Hitler gewesen, die Männer, nicht."[148]

Sowohl Frau Grasls Erinnerungen als auch der Mangel an Zeitungsberichten über hochgestimmte Umzüge der Nationalsozialisten in der Ortschaft sprechen dafür, dass man dem Eintritt in die Hitlersche ‚Volksgemeinschaft' in Schattendorf in den ersten drei Monaten des Jahres 1938 wohl eher noch mit großer Vorsicht begegnete – zumindest in der Öffentlichkeit. Die exakten Ursachen dafür sind spekulativ – ein möglicher Grund wird später noch dargelegt werden. Eine Annahme lässt sich aber jetzt schon aufstellen: Die dominante „schwarze" Atmosphäre, generiert durch das harte Eingreifen der örtlichen Gendarmerie gegen politisch Andersdenkende in den wenigen Jahren vor dem „Anschluss" und verbreitet mittels „vaterländischer" Zeitungsartikel in den Februar- und Märzwochen 1938, dürfte die „braune" Ortsluft beinahe vollständig bedeckt haben. Als Resultat verlief die Machtübernahme in Schattendorf relativ unscheinbar und unspektakulär.

## 9.2 Kein Burgenland mehr

Als eine von vielen politischen und verwaltungsspezifischen Neuordnungen gilt nicht zuletzt die Auflösung kleinerer Bundesländer. Durch das „Gebietsveränderungsgesetz" vom 1. Oktober 1938 wurde das nördliche und mittlere Burgenland dem Gau Niederdonau – zuvor Niederösterreich – angegliedert. Das Südburgenland ging an den Gau Steiermark, für welchen Tobias Portschy das Amt des stellvertretenden Gauleiters erhielt.

---

146 Oral History Interview mit Martha Grasl (*1928), 7. 6. 2019, Schattendorf; Audiofiles und Transkription in meinem Besitz.
147 Vgl. *Grafl*, Die politische Gemeinde, 200.
148 Interview Martha Grasl.

Der Verwaltungsbezirk Mattersburg wurde mit Eisenstadt zum Landkreis Eisenstadt zusammengeschlossen.[149] Am 1. Mai des Folgejahres erfolgte das offizielle Ende der Österreichischen Landesregierung: Österreich wurde mittels „Ostmarkgesetz" zur „Ostmark".[150]

## 10. NSDAP-Mitgliedschaft

Die Empirie habe, so Feymann, bis dato noch wenig herausgefunden, aus welchen Gründen die Menschen der NSDAP beitraten. Die angegebenen Motive wurden häufig verschönert. Wollte man während der Anschlusstage so früh wie möglich der Partei angehören, um zum Beispiel in profitablen Ämtern eingesetzt zu werden, versuchte man das eigene Eintrittsdatum 1945 im Zuge der Entnazifizierungsprozesse möglichst spät anzusetzen, um schließlich eine größere Distanz zur Partei vorzutäuschen.[151]

Nach dem „Anschluss" setzte in ganz Österreich ein bürokratischer Prozess der Mitgliederbestätigung ein, der nicht selten im Chaos endete. Verschiedenartige Formulare, provisorische Mitgliedskarten und Zwischenbescheide trugen wesentlich zu diesen Komplikationen bei. Zusätzliche von der starren Bürokratie verursachte Schwierigkeiten entstanden bei der Mitgliedschaftsnummernvergabe. Österreichische Parteimitglieder waren für Nummern im Nummernblock von 6,1 Millionen bis 6,9 Millionen vorgesehen. Streitigkeiten sowie Auflehnungen, eine möglichst niedrige Nummer zu ergattern, um damit der parteilichen Oberschicht angehören zu können, waren die Folge.[152] In allgemeiner Hinsicht ermöglichte ein Beitritt zur NSDAP, die Berufskarriereleiter hochzusteigen. Vor allem Berufe in staatlichen oder typisch staatsnahen Betrieben, wie zum Beispiel

149  Vgl. *Brettl*, Nationalsozialismus im Burgenland, 88–90.
150  Vgl. Emmerich *Tálos*, Von der Liquidierung der Eigenstaatlichkeit zur Etablierung der Reichsgaue der „Ostmark". Zum Umbau der politisch-administrativen Struktur. In: Emmerich *Tálos*, Ernst *Hanisch*, Wolfgang *Neugebauer*, Reinhard *Sieder* (Hg.), NS-Herrschaft in Österreich. Ein Handbuch (Wien 2000) 55–72, hier 60.
151  Vgl. *Feymann*, Die langen Schatten der Vergangenheit, 71.
152  Vgl. Gerhard *Jagschitz*, Von der „Bewegung" zum Apparat. Zur Phänomenologie der NSDAP 1938 bis 1945. In: Emmerich *Tálos*, Ernst *Hanisch*, Wolfgang *Neugebauer*, Reinhard *Sieder* (Hg.), NS-Herrschaft in Österreich. Ein Handbuch (Wien 2000) 88–122, hier 107–108.

eine Anstellung als Lehrer in einer Schule, waren an eine Mitgliedschaft in der Partei geknüpft. So gediehen wie in allen anderen Bundesländern auch im Burgenland sogenannte „Märzveilchen", welche versuchten, sich als „illegale" Nationalsozialisten oder „Alte Kämpfer" zu präsentieren. Dies waren frühe Parteimitglieder während der Verbotszeit. Im Verhältnis zu ganz Österreich war die Anzahl der burgenländischen Parteimitglieder relativ klein: Österreich erreichte im März 1943 einen Höchststand von 693.007[153] Mitgliedern. Im Burgenland traten 15.161 Menschen – fünf Prozent der burgenländischen Bevölkerung – der NSDAP bei. Davon wiederum waren 16,3 Prozent „Illegale".[154]

Eine Liste[155] mit insgesamt 180 NSDAP-Mitgliedern in Schattendorf liegt vor. Drei der Mitglieder davon sind weiblich. Die Mindestanzahl von 180 Schattendorfern, die der Partei beitraten, gilt somit als belegt. Alle Mitgliedsnummern sind sieben- oder achtstellig. Mehr als die Hälfte der Parteiangehörigen besaßen eine siebenstellige Mitgliederzahl beginnend mit 9. Diese hohen Mitgliedsnummern geben über den späten Beitritt der angeführten Personen Aufschluss – ob dieser aus beruflichem Zwang oder überzeugter Freiwilligkeit geschah, soll aber gegenwärtig nicht von Belang sein, da hier nur spekuliert werden kann. Besonders hervorzuheben ist dabei der Schattendorfer Dr. Adalbert Jeszenkowitsch, welcher eine verhältnismäßig niedrige Mitgliedsnummer von 1.087.537 aufweist. Von dem ehemaligen Mediziner wird später in dieser Arbeit noch zu sprechen sein. Es soll im Folgenden nur ein Auszug gezeigt werden, denn es ist in dieser Arbeit nicht von Relevanz, wer der Partei angehörte und wer nicht.

## 11. Das Leben in der ‚Volksgemeinschaft'

### 11.1 Volksabstimmung April 1938 – *Der Fall Elisabeth Bierbaum*

Der 10. April 1938, ein Sonntag, war der Tag der Volksabstimmung. Im Gegensatz zu den wohl eher unspektakulären Anschlusstagen verspürte man dieses Mal größere Aufregung und Nervosität in der Grenzgemeinde,

---

153 Vgl. *Jagschitz*, Von der „Bewegung" zum Apparat, 109.
154 Vgl. *Brettl*, Nationalsozialismus im Burgenland, 83.
155 Die NSDAP-Mitgliederliste befindet sich im Tresor im Gemeindeamt der politischen Gemeinde Schattendorf.

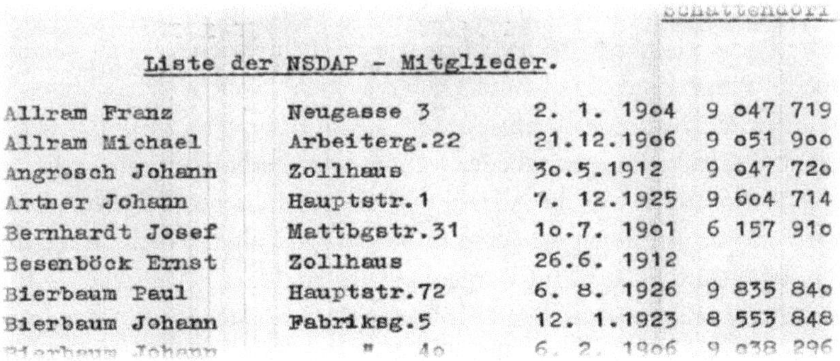

Schattendorf

Liste der NSDAP - Mitglieder.

| | | | |
|---|---|---|---|
| Allram Franz | Neugasse 3 | 2. 1. 1904 | 9 047 719 |
| Allram Michael | Arbeiterg.22 | 21.12.1906 | 9 051 900 |
| Angrosch Johann | Zollhaus | 30.5.1912 | 9 047 720 |
| Artner Johann | Hauptstr.1 | 7. 12.1925 | 9 604 714 |
| Bernhardt Josef | Mattbgstr.31 | 10.7. 1901 | 6 157 910 |
| Besenböck Ernst | Zollhaus | 26.6. 1912 | |
| Bierbaum Paul | Hauptstr.72 | 6. 8. 1926 | 9 835 840 |
| Bierbaum Johann | Fabriksg.5 | 12. 1.1923 | 8 553 848 |
| Bierbaum Johann | " 40 | 6. 2. 1906 | 9 038 296 |

**Abbildung 1:** Schattendorfer Parteimitglieder (Auszug) (Quelle: Tresor der politischen Gemeinde Schattendorf)

höchstwahrscheinlich herbeigeführt durch die üppigen und aufwendigen Wahlvorbereitungen in den vorangegangenen Wochen. Noch einen Tag zuvor hatte man im nun vergrößerten Reich den Straßenverkehr für zwei Minuten eingestellt. Die Sirenen läuteten und zahlreiche Hakenkreuzfahnen wehten in all den Ortschaften. Die Kirchenglocken wurden zu Mittag in Schwingung gesetzt. Propagandaminister Josef Göbbels verkündete am Balkon des Wiener Rathauses den „Tag des Großdeutschen Reiches".[156]

Auch das Burgenland blieb von der Stimmungsmache und Demagogie der obersten Parteileitungen nicht verschont. Es kam zur Einsetzung von drei Gaupropagandazügen, bestehend aus Sprechern, einem Musikantenzug sowie einer SS-Delegation. Während dieser Kundgebungen wurden den Menschen das neue Arbeitsbeschaffungsprogramm und landwirtschaftliche Unterstützungsmaßnahmen schmackhaft gemacht. Die Volksabstimmung hatte den Zweck, nicht nur den „Anschluss" des Landes an Deutschland im Nachhinein für gesetzlich gültig zu erklären, sondern auch der ganzen Welt zu verdeutlichen, dass die „Deutschen" Adolf Hitler immer die Treue schwören würden. Alle österreichischen Frauen und Männer, die bereits das 20. Lebensjahr vollendet hatten, waren stimmberechtigt. Juden und Roma waren von der Wahl ausgeschlossen. Der Wahltag sollte klarerweise der

156 Vgl. *Pingitzer*, Der „Anschluss", 137.

Euphorie der vorangegangenen Festtage folgen, daher prägten Flaggen mit dem Swastika-Symbol, nationalsozialistische Parolen und Grünschmuck das typische Bild eines burgenländischen Dorfes.[157]

In Schattendorf ereignete sich am Tag der Wahl ein nennenswertes, aber aus heutiger Sicht wohl eher harmloses Vergehen. Die 1902 geborene und in der Mattersburgerstraße 17 wohnhafte Elisabeth Bierbaum (geb. Harnisch) wurde beschuldigt, am 10. April 1938 den (inoffiziellen)[158] Ortsgruppenleiter und späteren NSDAP-Bürgermeister Michael Plank im Wahllokal der Schule Schattendorf als „Schuft" bezeichnet zu haben. Plank erstattete daraufhin bei Rayonsinspektor Johann Gabriel Anzeige. Die Tatgeschichte dieser „Amtsehrenbeleidigung"[159], welche am 16. April im Bezirksgericht Mattersburg einlangte, legt auch den angeblichen Grund für Frau Bierbaums Verhalten dar. Sie hätte unter anderem diesen Ausdruck benützt,

„weil Michael Plank anderen Personen gegenüber die Äußerung gemacht habe, daß der Gatte der Elisabeth Bierbaum, der Briefträger Eduard Bierbaum [sic!] väterlicherseits von einem Juden abstamme und deshalb nicht wählen dürfe."[160]

Michael Plank fühlte sich sowohl in seiner Funktion als politischer Amtsträger als auch in seiner Person als stolzer und überzeugter Nationalsozialist gedemütigt. Zwei Zeuginnen wurden von ihm herangezogen, Anna Unger und Magdalena Maschler. Beide jedoch hätten von den Beleidigungen der Frau Bierbaum nichts gehört. Die Beschuldigte gab sich indes geständig und sagte bei der Gendarmerie aus, dass sie erst nach dem Verlassen des Schulhauses die Äußerung „So ein Schuft" von sich gegeben hätte. Sie hätte auch das Wort ebendarum verwendet,

„weil am 8. April 1938 für die Fahrt nach Eisenstadt pro Person 50 g von jedem Teilnehmer einkassiert wurde[n] und ihr Gatte Eduard Bierbaum, obwohl er [bezahlt hatte] […], keine Fahrkarte bekam. […] Es hatte den Anschein, als ob Michael Plank von den 15 Personen, die keine Fahrkarte bekamen, das Geld für sich behalten hätte […]."[161]

---

157 Vgl. *Brettl*, Nationalsozialismus im Burgenland, 74–75.

158 Schattendorf wurde erst 1942 zu einer selbständigen Ortsgruppe, siehe dazu Kapitel 11.3

159 *BLA*, Bezirksgericht Mattersburg, Häftlings- und Sträflingsprotokolle, U 205/ 38, Elisabeth Bierbaum.

160 ebenda.

161 ebenda.

Das von Frau Bierbaum begangene Delikt muss definitiv als blauäugig und – in einer Zeit der gesellschaftlichen Überwachung und Bespitzelung – als äußerst naiv betrachtet werden. Derartige Fälle dürfte es wohl einige in den Dörfern gegeben haben, wenngleich nicht unbedingt alle zur Anzeige gebracht wurden. Nichtsdestoweniger erhellt diese Strafsache die wahre Identität und Gesinnung des Michael Plank. Auch die vorhin dargelegte Aussage von Martha Grasl, Plank sei mit Kollegen im Keller vor einem Bild Hitlers auf- und abmarschiert, bekräftigt, dass er weniger ein Opportunist als vielmehr ein treuer Gefolgsmann Hitlers in Schattendorf war, der fortan seine neue gesellschaftspolitische Rolle in der ‚Volksgemeinschaft‘ demonstrieren wollte.

Herr Pinter wusste über die inneren Umstände des Wahlvorganges Bescheid. Seine Eltern dürften ihm davon erzählt haben. Auf die Frage, ob es denn Wahlkabinen gegeben hatte, gab er eine verneinende Antwort und meinte, dass nur eine Kommission anwesend gewesen wäre. Man hätte schlichtweg den Stimmzettel in die Hand gedrückt bekommen und dann in aller Öffentlichkeit sein Kreuz gemacht. Ferner berichtete er über eine familiäre Diskussion seiner Eltern vor dem Wahlgang, denn seine Mutter hatte beabsichtigt, ihre Stimme geheim abzugeben.[162] Es folgt seine damalige Wahrnehmung des Gemütszustandes seiner Mutter:

> „Nein, alle [waren] nicht [überzeugt]. Meine Mutter nicht, meine Mutter war skeptisch. […] Und der Vater hat weitergedacht, der hat gewusst, was der Hitler ist […] und was eine Diktatur ist. Meine Mutter hat ja von der Politik keine Ahnung gehabt. […] Der Vater hat gesagt: ‚Stell dir vor, wenn da in Schattendorf einer Nein sagt, bist du es, weil du hast geheim abgestimmt‘ […].“[163]

Ida Grafl konnte sich ebenfalls noch gut an die Zeit vor und nach dem Wahltag erinnern. Aufgrund ihres Alters – sie war erst 14 Jahre jung – war es ihr nicht erlaubt, an der Wahl zur Wiedervereinigung Österreichs mit dem Deutschen Reich teilzunehmen. Gemeinsam mit Bekannten konnte sie aber dem euphorischen Andrang nicht widerstehen: „Beim Siada (Anm.: Gasthaus Grafl) sind wir gestanden und haben geschrien: ‚Heil Hitler, heil Hitler‘ “. Der Jubel wurde aber nicht von allen geteilt, denn die Einen standen

---

162  Interview Johann Pinter.
163  ebenda.

Hitler abneigend gegenüber. Andere aber waren wiederum froh, dass er Nahrung bringen würde.[164]

In Schattendorf befürworteten 1.582 Stimmberechtigte den „Anschluss", ein Ergebnis von 100 Prozent – die Ortschaft wurde zur „Führergemeinde"[165]. Knapp einen Monat später, am 17. Mai 1938, erhielt die Gemeinde den schon bekannten Maurer Michael Plank als neuen NSDAP-Gemeindeverwalter. Plank wurden elf Beiräte zur Verfügung gestellt.[166] Ob das Wahlergebnis in der Ortschaft manipuliert wurde, lässt sich nicht mehr nachprüfen. Es darf dennoch mit großer Wahrscheinlichkeit angenommen werden, dass jene Schattendorfer, welche dem Regime Hitlers kritisch oder mit großer Skepsis gegenüberstanden, aus Angst vor Folgemaßnahmen mit einem sehr reservierten Ja stimmten.

## 11.2 Eine neue Identität?

Durch eine propagandistische Meisterleistung hatten in Bedrängnis geratene, verängstigte und getäuschte Wähler Hitler zu einem monströsen Wahlerfolg verholfen.[167] Die Atmosphäre, nun in einer neuwertigen und unverbrauchten Wohlfahrtsnation zu leben, breitete sich aus.[168] Kurt Bauer bringt dieses österreichische Stimmungsbild – in Anlehnung an seine deutschen Historikerkollegen Bajohr und Wildt – erfolgreich auf den Punkt:

> „Aber denjenigen, die dazugehörten, hatte die Volksgemeinschaft einiges zu bieten. Zuerst einmal den durch permanente Mobilisierung zelebrierten gesellschaftlichen Zusammenhalt. Das war nach Jahren der inneren Kämpfe und Zerrissenheit und einer bürgerkriegsähnlichen Situation nicht wenig, es war so etwas wie Balsam auf die Seelen der Österreicher. Die Faszination, die von der Zugehörigkeit zu einer großen solidarischen Gemeinschaft ausging – sosehr sie auch mit propagandistischen Mitteln inszeniert sein mochte –, war für viele geradezu unwiderstehlich."[169]

164 Interview Ida Grafl.
165 Vgl. *Feymann*, Die langen Schatten der Vergangenheit, 259.
166 Vgl. *Burgenländische Landesregierung* (Hg.), Allgemeine Landestopographie des Burgenlandes III/3 (Eisenstadt 1993) 713.
167 Vgl. *Feymann*, Die langen Schatten der Vergangenheit, 265.
168 Vgl. *Brettl*, Nationalsozialismus im Burgenland, 109.
169 *Bauer*, Die dunklen Jahre, 142.

Eine Linderung des in den Vorkriegsjahren entstandenen wirtschaftlichen und politischen Leides durch die Aufnahme in die nationalsozialistische ‚Volksgemeinschaft' ließ also die Österreicher ihre Herkunft für eine gewisse Zeit lang in Vergessenheit geraten. Zum Schlagwort der Zeit, zur ‚Volksgemeinschaft', fiel Frau Grafl Folgendes ein:

> „[...] na ist ja eine Volksgemeinschaft gewesen [...]. Ich habe mich um so etwas nicht gekümmert, aber das haben sie halt immer gesagt. [...] ‚Ein Volk, ein Reich, ein Führer', haben wir schreien müssen."[170]

Als Herr Pinter auf die Begrifflichkeit angesprochen wurde, zeigte er ähnliche Reaktionen und bezeichnete die ‚Volksgemeinschaft' als „gängiges Wort" der damaligen Zeit.[171] All jene hier vorgestellten Zeitzeugen waren im Jahr des „Anschlusses" noch sehr jung. Ihr politisches Desinteresse zur damaligen Zeit erschwert somit die Beantwortung der Frage, inwiefern man sich dem „deutschen Volk" im Kreise der ‚Volksgemeinschaft' verbunden fühlte.

Die neue Gemeinschaft veränderte jedoch die gesamte Gesellschaft. Jede politische Gemeinde im Burgenland bekam diesen gesellschaftspolitischen Wandel deutlich zu spüren. Um der nationalsozialistischen Macht ein solides Fundament zu verleihen, wurde in die Lebensbereiche der burgenländischen Bevölkerung eingegriffen, erkennbar durch das Verschwinden einer klaren Trennlinie zwischen politischer Vorgehensweise und gewohnter menschlicher Alltäglichkeit. Die Bilanz: eine nahezu vollständige „Gleichschaltung" der Menschen.[172]

### 11.3 Ortspartei, Verwaltung und Infrastruktur

Der „Anschluss" brachte für Schattendorf keine separate politische Dorfverwaltung nach klassischem NS-Muster – man war bis 1942 von der Nachbargemeinde Loipersbach[173] ortspolitisch abhängig. Somit gab es auch kein offizielles NS-Dreiergespann,[174] bestehend aus dem Bürgermeister, dem Ortsgruppenleiter und dem Ortsbauernführer.

---

170  Interview Ida Grafl.
171  Interview Johann Pinter.
172  Vgl. *Brettl*, Nationalsozialismus im Burgenland, 124–125.
173  Interview Johann Pinter.
174  Vgl. *Feymann*, Die langen Schatten der Vergangenheit, 467.

Die ortspolitische Angliederung Schattendorfs an Loipersbach gibt Einsicht in die damalige vermutlich schwache Organisationsstruktur der NSDAP in der Grenzgemeinde. Die Abwesenheit eines durchwegs soliden Ortsparteiensystems während der Anschlusstage bekräftigt somit die vorhin aufgestellte Annahme, dass ein feierlicher Tumult in den Straßen Schattendorfs in der zweiten Märzwoche des Jahres 1938 gar nicht stattgefunden haben konnte. Wie ein weiterer Zeitungsartikel preisgibt, dürfte man in Schattendorf aber schon einige Zeit zuvor politische Unabhängigkeit angestrebt haben. Die Frage, wie groß tatsächlich das Verlangen war, vor 1942 ein politisch eigenständiges Dorf zu werden, muss bedauerlicherweise offenbleiben. Dass der Ton dieser Zeitungsmeldung wieder einmal propagandistisch eingefärbt ist, kann nicht zu oft wiederholt werden:

> „Am 26. November 1942 erklärte Kreisleiter Brauner in einer Mitgliederversammlung die bisherige Zelle Schattendorf zur selbständigen Ortsgruppe und bestellte Parteigenossen Johann Tranker zum Ortsgruppenleiter. Ein langgehegter Wunsch Schattendorfs ist damit in Erfüllung gegangen. Hoffentlich gelingt es dem neuen Stab bald, aus der in manchem zurückgebliebenen Zelle Schattendorf eine gut arbeitende Ortsgruppe zu machen."[175]

Schattendorf als kleines Mitglied des großen Deutschen Reiches hatte also erst nach gut vier Jahren Johann Tranker als offiziellen Ortsgruppenleiter erhalten. Amtierender Bürgermeister[176] von 1939 bis 1945 war der Landwirt Josef Pinter sen., Vater von Josef Pinter, der für diese Studie als Zeitzeuge herangezogen wurde.

Die Funktion des Ortsgruppenleiters bedeutete, die ortsansässige NSDAP anzuführen sowie als politischer Entscheidungsträger zu fungieren. Die Partei in den Ortschaften war streng hierarchisch gegliedert: Mehrere Zellen, welche abermalig in Blöcke geteilt waren, bildeten die Ortspartei. Somit wurden Zellen- und Blockleiter vom Ortsgruppenleiter befehligt. So sollte es der örtlichen Partei gelingen, die Dorfbevölkerung politisch zu überwachen. Des Weiteren standen dem Ortsgruppenleiter eine NS-Frauenschaftsleiterin und ein NS-Jugendführer zur Seite. All jene Funktionsträger sollten für

---

175 Aus der Partei. In: Grenzmark-Zeitung, Jg. 6, Nr. 1 (7. 1. 1943) 5.
176 Vgl. *Grafl*, Die politische Gemeinde, 200.

**Abbildung 2:** Parteiveranstaltung vor dem „Judenhaus" auf der Hauptstraße
(Datum und Anlass unbekannt) (Quelle: AMCS)

die Stabilität des NS-Gesellschafts- beziehungsweise Herrschaftssystems
Verantwortung tragen.[177]

Wenn auch die Gemeinde spät politische Unabhängigkeit erreichte und
Richtungsentscheidungen zuvor mehrheitlich in Loipersbach getroffen
worden waren, konnten in Schattendorf infrastrukturelle Maßnahmen
umgesetzt werden. Freudig und hoffnungsvoll wurde darüber in der Regi-
onalpresse[178] berichtet, dass die im Bau befindliche Straße von Schattendorf
nach Baumgarten beinahe fertiggestellt sei. Neben dem Straßenbau sollte
auch die Kanalisierung eine Sanierung erfahren. Der im Juni 1938 erschienene Zeitungsartikel sparte dabei nicht mit Kritik am vorangegangenen
Schuschnigg-Regime – von den Nationalsozialisten abwertend „Systemzeit"
genannt: „Der Jammer [dieser Zeit] [...] aber ist verschwunden und unsere
Straße ist fertig. Ein neuer Weg, der uns umso fester mit Führer und Reich
verbindet."[179]

---

177 Vgl. *Brettl*, Nationalsozialismus im Burgenland, 126.
178 Straßenbau / Kanalisierung. In: Grenzmark-Zeitung, Jg. 1, Nr. 15
    (12. 6. 1938) 9.
179 ebenda.

**Abbildung 3:** Das Dorf 1938 vor der Sanierung der Kanalisierung (Zeichnung Stefan Schefberger) (Quelle: AMCS)

**Abbildung 4:** Schattendorf ca. 1939 nach Abschluss der Kanalisierungsarbeiten (Zeichnung Stefan Schefberger) (Quelle: AMCS)

## 11.4 Arbeit und Landwirtschaft

Unmittelbar nach dem „Anschluss" hatten nationalsozialistische Wirtschaftsprojekte die in Österreich vorherrschende Arbeitslosigkeit entscheidend verringert, indem beispielsweise in Aufrüstung investiert, der Verkehr ausgebaut, Rohstoffe erschlossen und Arbeitslose in das „Altreich" vermittelt wurden.[180] Deutschland hatte nämlich einen großen Mangel an Arbeitskräften zu beklagen. Da es zum Beispiel in Oberwart und Eisenstadt zur Umsetzung von Wohn- und Straßenbauplänen kam, fanden langzeitarbeitslose Burgenländer insbesondere in der Bauwirtschaft wieder einen Arbeitsplatz.[181] Auf die Frage, ob sich denn nach Hitlers Machtüberahme wirtschaftliche Verbesserungen abzeichneten, antwortete Frau Grafl, dass mehr Arbeitsmöglichkeiten geschaffen worden seien und einige männliche Bekannte so die Gelegenheit bekommen hätten, in Deutschland einer Beschäftigung nachzugehen.[182] Die Presse wiederum machte dabei nicht Halt, diese sozial- und wirtschaftspolitische Hoffnung in den burgenländischen Ortschaften gezielt zu verbreiten. Ein dazu relevanter Zeitungsartikel ist bereits in der Ortschronik[183] Schattendorf zu finden und soll hier nur verkürzt präsentiert werden. Er unterstreicht im Wesentlichen die wohlwollenden Absichten des Diktators Adolf Hitler, der der Schattendorfer Bevölkerung „nach langer Leidenszeit wieder Arbeit und Brot gegeben"[184] hatte.

Verbände, in welchen auf die Interessen der Arbeiterschaft Rücksicht genommen wurde, gab es jedoch nicht. Anstelle dieser trat die „Deutsche Arbeitsfront" (DAF), eine nationalsozialistische Einheitsorganisation, die Arbeitgeber und Arbeitnehmer zusammenfasste, um so mögliche Diskrepanzen zwischen den beiden Positionen vor der Öffentlichkeit unkenntlich zu machen. Ein nach heutigem Verständnis demokratisches Mitspracherecht

---

180  Vgl. Emmerich *Tálos*, Sozialpolitik in der „Ostmark". Angleichung und Konsequenzen. In: Emmerich *Tálos*, Ernst *Hanisch*, Wolfgang *Neugebauer*, Reinhard *Sieder* (Hg.), NS-Herrschaft in Österreich. Ein Handbuch (Wien 2000) 376–408, hier 378.

181  Vgl. *Feymann*, Die langen Schatten der Vergangenheit, 266.

182  Interview Ida Grafl.

183  Vgl. *Bauer*, Vom Beginn der Aufbauarbeit bis zum Ende des Zweiten Weltkrieges, 95.

184  Eine Schlange stirbt aus. In: Grenzmark-Zeitung, Jg. 1, Nr. 14 (5. 6. 1938) 9.

der Arbeiterschaft wurde durch das hierarchische „Führerprinzip"[185] ersetzt. Zu den wesentlichsten Aufgaben der DAF, welche in den meisten Ortschaften des Burgenlandes agierte, gehörten sowohl die Verschönerung des Arbeitsplatzes („Amt für Schönheit der Arbeit") als auch die Freizeitgestaltung. Als eine Art Unterprojekt sei hier die Reiseorganisation „Kraft durch Freude" (KdF) genannt, mit welcher die Arbeitsleistung und betriebliche Wirtschaftlichkeit erhöht werden sollten. Die Propaganda war stets bemüht, die Arbeit zu idealisieren und ihre Essenz in einer von Harmonie erfüllten ‚Volksgemeinschaft' herauszustreichen. Die Realität war aber gänzlich anders.[186]

Eine profundere Darstellung der nationalsozialistischen Sozial- und Beschäftigungspolitik kann hier aus Platzgründen nicht erfolgen. Dennoch ist es eine Dringlichkeit, abschließend anzuführen, dass die anfängliche Euphorie im Jahre 1938 aufgrund der Verringerung der österreichweiten Arbeitslosigkeit nur kurz andauerte. Die ständig gebrauchte Phrase der Bereitstellung von „Arbeit und Brot" durch den Führer war nur die Vorderseite der Medaille, denn eigentlich lag der Arbeitsplatzbeschaffung eine expandierende Rüstungs- und Kriegspolitik zu Grunde, die die menschliche Arbeit fortan strengstens militarisierte. Arbeitszwang verwurzelt mit regelrechter Ausbeutung der Arbeiterschaft und die Aufhebung der individuellen Freiheit gingen damit einher.[187] Laut Emmerich Tálos gelten die sozialpolitischen Maßnahmen während des Hitler-Regimes in Österreich weder als „verallgemeinerbar, noch ist die Integration insbesondere der Arbeiterschaft bis zum Ende der NS-Herrschaft gelungen."[188]

Aber nicht nur die Arbeiterschaft, sondern auch der österreichische Landwirtschaftssektor erfuhr mit dem „Anschluss" eine rigide Gleichschaltung. Das am 14. Mai 1938 verabschiedete „Reichsnährstandgesetz" organisierte strikt all jene Ernährungsaufgaben, die von der Bauernschaft bis hin zum Handel erfüllt werden mussten. Ferner sollten mit diesem Reichsnährstand

---

185 „Betriebsführer" leiteten nicht eine „Belegschaft", sondern eine „Gefolgschaft". *Echternkamp*, Das Dritte Reich, 53; vgl. auch *Tálos*, Sozialpolitik in der „Ostmark", 380–382.
186 Vgl. *Brettl*, Nationalsozialismus im Burgenland, 112.
187 Vgl. *Tálos*, Sozialpolitik in der „Ostmark", 399.
188 ebenda.

(RNS) bäuerliche Traditionen gepflegt und die „antisemitische Blut- und Bodenideologie" propagiert werden. Neben Kontroll- und Überwachungs-aufgaben lag es auch in der Verantwortung der Kreis- und Ortsbauern-schaften, innerhalb der Agrarmarktordnung ein Gleichgewicht zwischen bürokratischen Notwendigkeiten und landwirtschaftlichen Bedürfnissen herzustellen.[189] Zusätzliche Unterverordnungen sollten auch die gesamte österreichische Landwirtschaft von ihren Schulden befreien.[190] Auf eine detaillierte Erläuterung des mit der Landwirtschaft in Zusammenhang ste-henden „Reichserbhofgesetzes"[191] wird hier gewollt verzichtet, da dieses im Burgenland von der davon betroffenen Bauernschaft mehrheitlich abgelehnt wurde. Sie fühlte sich dadurch in ihren Freiheiten beschnitten.[192]

Mit Beginn des Krieges 1939 und dem Einsetzen der Kriegswirtschaftsver-ordnung ging die „klassische" Landwirtschaft in eine düstere Kriegswirtschaft über. Die gewohnte Arbeit am Feld wurde – wie schon erwähnt – militarisiert. Des Weiteren sollten Lebensmittelkarten den Absatz von landwirtschaft-lichen Produkten regulieren. Ein Ausschluss aus der ‚Volksgemeinschaft' konnte hier leicht vonstattengehen: Hatte man Schwarzhandel betrieben, Produkte heimlich versteckt oder sie zu Preisen verkauft, die nicht bürokra-tisch festgelegt worden waren, avancierte man schnell zum „Volksschädling". Strafen waren die Folge.[193] Für die meisten burgenländischen Landgemeinden spielten die eben erwähnten Lebensmittelkarten aber nur eine untergeord-nete Rolle, da sich die Bewohner glücklicherweise selbst versorgen konnten. Bezugscheine für Bekleidung waren hingegen gern gesehen. Folglich entwi-ckelte sich ein reger Tauschhandel zwischen der Land- und Stadtbevölke-rung. Brettl kommt zum Schluss, dass die Ernährungslage im Burgenland trotz der Nahrungsmittelregulierungsmaßnahmen nie wirklich gefährdet

---

189  Vgl. *Lang*, NS-Regime, Kriegsende und russische Besatzungszeit im Südbur-genland, 62–63.
190  Vgl. ebenda, 65.
191  Siehe dazu Ernst *Langthaler*, Eigensinnige Kolonien. NS-Agrarsystem und bäuerliche Lebenswelten 1938–1945. In: Emmerich *Tálos*, Ernst *Hanisch*, Wolfgang *Neugebauer*, Reinhard *Sieder* (Hg.), NS-Herrschaft in Österreich. Ein Handbuch (Wien 2000) 348–375.
192  Vgl. *Brettl*, Nationalsozialismus im Burgenland, 120.
193  Vgl. *Lang*, NS-Regime, Kriegsende und russische Besatzungszeit im Südbur-genland, 72–73.

gewesen sei.[194] Frau Trimmel, geboren 1932, wuchs ebenfalls in der Landwirtschaft auf, ihre Familie hatte daher nie Nahrungsnot zu beklagen:

„Kühe haben wir gehabt und Sau hat [die Mutter] abgestochen [...]. Freilich, wir haben schon die Bezugscheine gekriegt für den Zucker und für [all] das. [...] Siehst du eh, wie die Hamsterer [...] von Wien und von dort und da her und oft zu den Leuten hineingegangen [sind], wenn sie Erdäpfel oder Schmalz [gewollt haben] [...]."[195]

## 11.5 Schulwesen

### 11.5.1 Entkonfessionalisierung

Die ‚Volksgemeinschaft' zog überall ihre Fäden, so auch im Bildungsbereich. Die nationalsozialistische Weltanschauung fand in der Volksschule Schattendorf rasch ihren Eingang, und ihre Lehrerschaft sollte sich als ideologisches Vorbild den Schülern präsentieren. So geht aus einem Protokoll einer Lehrerkonferenz der Volksschule Schattendorf vom September 1938 hervor:

„Mut und Ausbildungskraft muss beim Kinde gefördert werden, die Ehrfurcht vor den großen Männern des deutschen Volkes wachgerufen werden. [...]
Auf die Selbsttätigkeit wird hingewiesen. Das Kind soll mit wissenschaftlichen Dingen nicht überlastet werden. [...]
Die Volksgemeinschaftspflege ist die Verkörperung einer Idee im nationalsozialistischen Staat. [...]"[196]

In allgemeiner Hinsicht gilt die in Bildungs- und Erziehungseinrichtungen stattfindende zentrale Steuerung der Heranwachsenden als ein Schlüsselfaktor für das Gelingen einer Diktatur. In Jugendorganisationen und Schulen wurde das Denken, Verhalten, Agieren und Handeln der Jugendlichen maßgeblich beeinflusst, um sie für eine autoritäre Herrschaft nutzbar und mental unkritisch zu machen.[197] Im Gegensatz zum Dollfuß-Schuschnigg-Regime,

194 Vgl. *Brettl*, Nationalsozialismus im Burgenland, 204.
195 Oral History Interview mit Maria Trimmel (*1932), 20. 4. 2019, Schattendorf; Audiofiles und Transkription in meinem Besitz.
196 *AVS*, Verhandlungsschriften der Lehrerkonferenzen (1926–1939), Verhandlungsschrift vom 23. 9. 1938.
197 Vgl. Oliver *Rathkolb*, Erste Republik, Austrofaschismus, Nationalsozialismus (1918–1945). In: Thomas *Winkelbauer* (Hg.), Geschichte Österreichs (Stuttgart 2015) 477–524, hier 501.

in welchem „die ‚vaterländische Erziehung' [...] zum Unterrichtsprinzip erhoben"[198] wurde, ging aber die nationalsozialistische Bildungspolitik grundsätzlich radikaler vor. Nach der Machtergreifung Hitlers folgte in erster Linie eine ideologisch angetriebene Versetzungs- und Entlassungswelle von Lehrern, bei welchen man überzeugt war, dass sie der neuen Politik nichts abgewinnen konnten. Jene Lehrpersonen, denen es erlaubt wurde, ihrer Arbeit weiter nachzugehen, mussten sich noch in den Märztagen 1938 auf den Führer Adolf Hitler vereidigen lassen.[199]

Gegründet als eine Pfarrschule im Mittelalter und folglich für einige Jahrhunderte vorwiegend in den Händen der örtlichen katholischen Kirche, war die Volksschule Schattendorf 1938 nun zu einer Staatsschule des Deutschen Reiches geworden. Die Pfarre verlor somit jeglichen Einfluss auf das örtliche Bildungswesen.[200] Margarete Schmidl hatte seit Oktober 1927 in der Volksschule Schattendorf unterrichtet und sich auch außerschulisch betätigt, indem sie die Jugendgruppe „Jung-Burgenland" führte und die Schattendorfer Mädchenkongregation leitete. Damit wurde sie den Nationalsozialisten ein Dorn im Auge und musste daher ihre Lehrstelle räumen. Sie wurde nach Krobotek in den südlichsten Bezirk des heutigen Burgenlandes, Jennersdorf, strafversetzt. Erst 1947 konnte sie wieder zurückkehren.[201]

Burgenlandweit wurde am 12. September das Schulwesen durch den federführenden Portschy entkonfessionalisiert. Auch Kindergärten blieben davon nicht ausgenommen, sie wurden an die Nationalsozialistische Volkswohlfahrt (NSV) überstellt. Dieser Entkonfessionalisierungsprozess hatte erhebliche Auswirkungen auf den Religionsunterricht, welcher fortan einer immer größeren Einschränkung unterlag. Es folgte dabei nicht nur eine Verringerung der Stundenzahl, sondern das Schulfach wurde auch buchstäblich auf „unchristliche" Zeiten, nämlich gegen Ende des Schultages, verlegt. Als symbolische

---

198  *Buchmann*, Insel der Unseligen, 170.
199  Vgl. Herbert *Dachs*, Schule in der „Ostmark". In: Emmerich *Tálos*, Ernst *Hanisch*, Wolfgang *Neugebauer*, Reinhard *Sieder* (Hg.), NS-Herrschaft in Österreich. Ein Handbuch (Wien 2000) 446–466, hier 451–452.
200  Vgl. Josef *Bernhardt*, Volksschule und Schulwesen. In: *Marktgemeinde Schattendorf* (Hg.), Schattendorf. Seine Geschichte und seine Menschen (Schattendorf 2003) 186–192, hier 186–189.
201  Vgl. Biografie Margarete Schmidl. In: *Marktgemeinde Schattendorf* (Hg.), Schattendorf. Seine Geschichte und seine Menschen (Schattendorf 2003) 232.

Maßnahme entfernte man die Kruzifixe im Klassenraum und nagelte das Bild Adolf Hitlers an die Wand.[202] Die Schattendorfer Volksschulleitung bekam sogar eine Lieferung mit Bildkarten des Führers. Die Lehrerschaft wurde daraufhin aufgefordert, für die Bildnisse zum Preis von zwölf Reichspfennige innerhalb des Schulgebäudes zu werben.[203] Hinsichtlich des Schulgebetes lässt sich in dem schon zuvor zitierten Protokoll folgender Vermerk finden:

> „Das Vaterunser und andere konfessionelle Gebete sind zu unterlassen. Das Schulgebet beginnt mit einem Kreuzzeichen und folgendem Spruch: ‚Unserer Schule Arbeit leite, segne auch das Volk und Land! Über unseren Führer breite deine starke Gnadenhand! Hilf empor aus aller Not und sei ewig unser Gott!"[204]

Ein Klassenbuch der 3. Klasse Volksschule des Schuljahres 1943/44 in Schattendorf lässt erkennen, dass dem konfessionellen Unterricht in der Tat kein Stellenwert mehr eingeräumt wurde: Er fand an einem Donnerstag in der letzten Unterrichtsstunde, der 5. Einheit, statt.[205] Zu Kriegsbeginn war Johann Pinter zehn Jahre alt und bestätigte im Interview den gesellschaftspolitischen Wandel betreffend die Zurückdrängung der kirchlichen Einflussnahme im schulischen Umfeld durch die Nationalsozialisten:

> „Naja, in der Schule hat sich schon etwas geändert. Das ist klar, nicht? Alle Tage ein Gedicht für den Führer. [Der Pfarrer] hat nicht mehr das Recht gehabt, das einmal war. […] Von da an haben die Kinder auch nicht mehr in die Kirche gehen müssen."[206]

Durch eine weitere Verordnung vom 25. März 1938 trat der Hitlergruß an die Stelle des lange Zeit üblichen und konventionellen „Grüß Gott".[207] Monate später wurde dies auch explizit während einer Lehrerkonferenz in Schattendorf notiert: Die Lehrkraft musste den Klassenraum mit dem deutschen Gruß betreten und die Schüler waren verpflichtet, diese neue Grußformel stets zu erwidern.[208] Eine permanente Präsenz von Aktionen

---

202 Vgl. *Brettl*, Nationalsozialismus im Burgenland, 152.
203 *AVS*, Verhandlungsschriften der Lehrerkonferenzen (1926–1939), Verhandlungsschrift vom 11. 6. 1938.
204 ebenda, Verhandlungsschrift vom 23. 9. 1938.
205 *AVS*, Klassenbuch (3. Klasse, Schuljahr 1943/44), Stundenplan.
206 Interview Johann Pinter.
207 Vgl. *Brettl*, Nationalsozialismus im Burgenland, 153.
208 *AVS*, Verhandlungsschriften der Lehrerkonferenzen (1926–1939), Verhandlungsschrift vom 10. 11. 1938.

der Hitlerjugend, an denen sich auch die Lernenden häufig zu beteiligen hatten, bedeutete, dass die so notwendigen Lernprozesse im Schulunterricht in Mitleidenschaft gezogen wurden.[209] Typische Unterrichtssequenzen, wie zum Beispiel Frontalunterricht mit anschließenden Übungen des zuvor Gelernten, konnten also meist gar nicht eintreten.

### 11.5.2 Unterrichtsinhalte

Wie schon im Methodenkapitel angeführt, bieten sich die Konferenzprotokolle sowie das Klassenbuch als äußerst nützliche Quellen an, um einerseits einen groben Einblick in den nationalsozialistischen Lehrplan und andererseits ein getreues Bild von bestimmten Unterrichtsthemen zu erhalten. Einige Unterrichtsinhalte sollen im Folgenden dargelegt werden.

So wurden die Schüler zum Beispiel in den Monaten vor den Weihnachtsferien im Fach Heimatkunde über „Gemeinnutz geht vor Eigennutz"[210] belehrt. „Feigheit"[211], die Begriffe „Sippe" und „arischer Nachweis"[212] sowie die „Schweigepflicht im Kriege"[213] stellten zusätzliche Themen dar. Im darauffolgenden Musikunterricht stimmte man neben traditionellen Stücken, wie zum Beispiel „Hänschen klein"[214] oder „Wenn ich ein Vöglein wär"[215], auch Lieder wie „Der Preußenkönig"[216] und „Jetzt müssen wir marschieren"[217] an. Die Behauptung aber, dass die im Unterricht behandelten Themen und gesungenen Lieder den Volksgemeinschaftsgedanken in den Köpfen der Schülerschaft weiter vorantrieben, wäre nun etwas zu voreilig. Weitere Eintragungen im selbigen Klassenbuch geben dennoch vermehrt darüber Aufschluss, dass man den Glauben an das deutsche Volk und seinen Führer zu festigen suchte.

Gegen Ende des ersten Schulhalbjahres begann die dritte Klasse im Schulfach „Schrift" mit Schreibübungen, wodurch diverse Kriegsartikel

---

209 Vgl. *Dachs*, Schule in der „Ostmark", 459.
210 *AVS*, Klassenbuch (3. Klasse, Schuljahr 1943/44), 3. Schulwoche.
211 ebenda, 5. Schulwoche.
212 ebenda, 8. Schulwoche.
213 ebenda, 16. Schulwoche.
214 ebenda, 10. Schulwoche.
215 ebenda, 5. Schulwoche.
216 ebenda, 16. Schulwoche.
217 ebenda, 4. Schulwoche.

(ab)geschrieben wurden und höchstwahrscheinlich diese auch verinnerlicht werden sollten. In der 22. Schulwoche – es waren die Tage des 24. bis 30. Jänner 1944 – schrieben die Kinder das „Wort des Führers: Wie wir sein müssen"[218]. Im Fach Deutsch wurde im April die Mitvergangenheit geübt, indem die Kinder einen Text mit dem Titel „Wie ein kleiner Junge zum Führer kam"[219] mündlich aufsagten oder lasen. Es war die Geburtstagswoche Adolf Hitlers. Die Lehrkraft und die Klasse widmeten ihm zusätzlich einen „[g]emeinsame[n] Aufsatz"[220]. Mit dem Begriff der ‚Volksgemeinschaft' selbst setzte man sich erst in der vorletzten Schulwoche auseinander.[221] Dem Anschein nach sollten die Schattendorfer Volksschüler der 3. Klasse mit diesem Einheitsgedanken mental gestärkt in die Ferien aufbrechen. Der in Kapitel 5.1 dargelegte Zeitungsartikel, welcher darüber berichtete, dass der Schülerschaft 1939 das Buch „Du und dein Volk" in die Schulferien mitgegeben wurde, unterstreicht diese Annahme.

### 11.5.3 „Glernt homa ned vü"

Es blieb jedoch bei der erfolglosen Anstrengung des Lehrkörpers, die Schüler zu indoktrinieren, denn während der späten Kriegsjahre darf von keinem regulären Schulunterricht mehr gesprochen werden. Wenngleich die soeben vorgestellten Unterrichtsinhalte den Eindruck erwecken, man könne diese Schulstunden als geläufig und im Sinne der Förderung der ‚Volksgemeinschaft' betrachten, so täuscht dies. Der Krieg legte den Lehrenden große Steine in den Weg.

Schon im März 1942 wurde in einem weiteren Konferenzprotokoll vermerkt, dass kräftig gebaute Schüler für Feldarbeiten eingesetzt werden konnten. Die tägliche Arbeit auf den Äckern durfte aber nicht mehr als sechs Stunden betragen.[222] Ferner war vorgesehen, die Schülerschaft mit der Bedeutung des „Totalen Krieges" vertraut zu machen.[223] Im neuen Schuljahr 1943

---

218  ebenda, 22. Schulwoche.
219  ebenda, 34. Schulwoche.
220  ebenda.
221  ebenda, 44. Schulwoche.
222  *AVS*, Hausberatungen der Volksschule (1939–1948), Hausberatung am 13. 3. 1942.
223  ebenda, Bericht über die Dienstbesprechung der Schulleiter in Eisenstadt am 28. 1. 1943.

trat vermehrt das Thema Fliegeralarm in den Mittelpunkt. Dabei hieß es in einem Bericht vom 3. September, dass „[f]ür einen geeigneten Luftschutzkeller im Falle eines Fliegeralarms"[224] zu sorgen sei. Tatsächlich kam es am 30. November 1943, ein Dienstag, um 11 Uhr zu einem Fliegeralarm.[225] Der Zweite Weltkrieg machte sich also allmählich zu Hause bemerkbar. Frau Trimmel hatte die motorisierten Überflieger noch sehr gut im Kopf:

> „Und [dann] hat es schon angefangen zu brummen, gell. Und meistens am Vormittag ist das gewesen, um 10 [Uhr], meine ich so. Und [dann] haben wir [von der Schule] nach Hause laufen müssen, [...] und jetzt ist ja das Lernen gar nicht so in Betracht gekommen. [...] in den Keller [sind wir] auch gegangen."[226]

Besonders hervorzuheben ist ein weiteres Konferenzprotokoll vom 29. August 1944,[227] in welchem angeführt wird, dass mit dem „totalen Kriegseinsatz" des Lehrerkollegiums „die Verpflichtung einer gesteigerten Bereitschaft im Dienste des deutschen Volkes" erwachsen sei. Als Unterpunkte zur Umsetzung dieses utopischen Vorhabens werden zeitgerechtes Erscheinen, „Urlaube nur in ganz dringenden Ausnahmefällen" sowie die Intensivierung des Sammelns von Altstoffen und Heilkräutern genannt. Im Oktober[228] notierte man, dass diese Sammelaktivitäten nicht während der Unterrichtszeit stattfinden durften. Davon ausgenommen war lediglich die Sammlung von Heilkräutern, wofür ein Schultag wöchentlich vorgesehen war, „um den Bedarf der Wehrmacht zu decken". Diese „kriegswichtigen Sammlungen" sollten „mit allem Nachdruck" betrieben werden.

Schließlich erzielte die Volksschule Schattendorf im Jahre 1944 eine Abgabemenge an Heilkräutern von ungefähr 200 Kilogramm, zusammengesetzt aus Erdbeerblättern und -blüten, Brombeerblättern, Huflattich- und Holunderblüten, Schafgarbe und Reinklee.[229] Am 22. November des vorletzten Kriegsjahres erfolgte ein Umzug der Unterrichtstätigkeiten.

---

224  ebenda, Hausberatung am 3. 9. 1943.
225  *AVS*, Klassenbuch (3. Klasse, Schuljahr 1943/44), 15. Schulwoche.
226  Interview Maria Trimmel.
227  *AVS*, Hausberatungen der Volksschule (1939–1948), Hausberatung am 29. 8. 1944.
228  ebenda, Hausberatung am 16. 10. 1944.
229  ebenda, Hausberatung am 21. 11. 1944.

Da Schanzarbeiter[230] nun ihr Quartier in der Volksschule aufgeschlagen hatten, mussten Lehrende und Lernende in den örtlichen Kinosaal ausweichen. Der Plan der Schulleitung lautete, dass jede Klasse nur mehr drei Mal in der Woche „zu einer Gemeinschaftsstunde" zusammenkommen sollte.[231] Zwei Monate vor der Kapitulation der Wehrmacht sprach man in Schattendorf überhaupt nur mehr vom „Notunterricht", welcher im Gasthaus Grafl auf der Hauptstraße stattfand. Er basierte auf neun Wochenstunden für das erste, zweite, vierte und achte Schuljahr sowie lediglich auf vier Unterrichtsstunden für die übrigen Schulstufen.[232] Eine erhebliche Einbuße der Lernaktivitäten war verständlicherweise die Folge.

Der Zweite Weltkrieg mit all seinen verheerenden Konsequenzen war zwar nicht militärisch, aber doch zivil in das Schattendorfer Bildungswesen eingedrungen. Der Schulunterricht begann sich über die Kriegsjahre allmählich aufzulösen. Ein nicht zu entfesselnder Widerspruch bildete sich heraus: So sehr man mit den neuen bildungspolitischen Maßnahmen und Verordnungen in den ersten Kriegsjahren nach dem „Anschluss" versuchte, die Jugend zu kontrollieren und manipulieren, um ferner die ‚Volksgemeinschaft' zu stärken, so sehr nahmen Hitlers Krieg und die damit entstandene Heimatfront, also Fliegeralarme, Wallarbeiten und Sammelaktionen, dieser Indoktrination wieder den Wind aus den Segeln.

## 11.6 Ehrenamt und „Freizeit"

### 11.6.1 Vereinswesen

Die zuvor schon festgelegte unsichtbare Trennlinie zwischen Parteiorganisation und Alltag lässt sich sehr deutlich im „Freizeitangebot" in Schattendorf beobachten. Laut Henning Borggräfe[233] sei die Heranziehung des

---

230  ebenda, Hausberatung am 13. 11. 1944.
231  ebenda, Hausberatung am 21. 11. 1944.
232  ebenda, Hausberatung am 2. 3. 1945.
233  Vgl. Henning *Borggräfe*, „Das Ziel der Partei ist, und das muss auch unser Ziel sein, die Volksgemeinschaft herzustellen" – Freizeitvereine in der nationalsozialistischen Gesellschaft. In: Detlef *Schmiechen-Ackermann*, Marlis *Buchholz*, Bianca *Roitsch*, Christiane *Schröder* (Hg.), Der Ort der ‚Volksgemeinschaft' in der deutschen Gesellschaftsgeschichte (Nationalsozialistische ‚Volksgemeinschaft'. Studien zu Konstruktion, gesellschaftlicher Wirkungsmacht und Erinnerung 7, Paderborn 2018) 182–192, hier 183.

Verbands- und Vereinswesens in einem begrenzten Raum enorm hilfreich, um die Interdependenz von Gesellschaft und Herrschaft historisch zu analysieren. Mit der Machtübernahme Hitlers in Österreich kam es mehrheitlich zur Auflösung von nichtnationalsozialistischen Vereinen. Nur wenige durften nach sorgfältiger Überprüfung durch NS-Behörden weiterbestehen. Schon der Schulalltag hat gezeigt, dass Religion und Christentum von den Nationalsozialisten verpönt wurden. Somit überrascht es auch nicht, dass sie vor allem christliche Vereinigungen, wie zum Beispiel den „Katholischen Burschenverein", verboten. Stattdessen generierte die Politik ein bis ins Detail verflochtenes Netzwerk von NS-Organisationen, wovon die gesamte österreichische Bevölkerung im volksgemeinschaftlichen Sinne vom Kinderbett bis zum Totensarg ergriffen werden sollte. Die Gesellschaft wurde regelrecht durchdrungen, die Freizeit einer strengen Überwachung und Kontrolle unterzogen[234] – nach heutigem Verständnis kann also innerhalb der ‚Volksgemeinschaft' von einer „freien Zeit", in der man die Bedürfnisse nach Selbstverwirklichung und -entfaltung zu befriedigen suchte, nicht gesprochen werden.

Während der Sportverein Schattendorf während des Nationalsozialismus nicht existent war und somit die NSDAP darauf gar keinen Einfluss haben konnte,[235] so gibt es Aufzeichnungen über eine HJ-Musikkapelle, welche von Johann Pinter 1940 gebildet wurde und bis 1942 öffentlich musizierte. Der Umstand, dass viele der Musikanten ihren militärischen Dienst in der Wehrmacht ableisten mussten, sorgte für eine allmähliche Auflösung dieser Musikformation.[236] Die musikalische Besetzung der HJ-Kapelle sah folgendermaßen aus:

---

234  Vgl. *Brettl*, Nationalsozialismus im Burgenland, 127–128.

235  Vgl. Stefan *Grafl*, Sportverein Schattendorf (SVS). In: *Marktgemeinde Schattendorf* (Hg.), Schattendorf. Seine Geschichte und seine Menschen (Schattendorf 2003) 282–285, hier 282.

236  Vgl. Erwin *Kurz*, Musikverein „Frisch auf" Schattendorf. In: *Marktgemeinde Schattendorf* (Hg.), Schattendorf. Seine Geschichte und seine Menschen (Schattendorf 2003) 258–277, hier 262.

" HJ - Musik "

| | Instrument | Name | Vorname | Straße | Nr. | Nr. |
|---|---|---|---|---|---|---|
| Es | - Klarinette | Tranker | Kurt | Bahnhofstraße | 13 | 2113 |
| B | - Klarinette | Grasl | Richard | Fabriksgasse | 8 | 2137 |
| B | - Klarinette | Tranker | Martin | Fabriksgasse | 37 | 24303 |
| B | - Klarinette | Supola | Josef | Ödenburgerstr. | | |
| 1 | - Flügelhorn | +Müllner | Paul | Vorstadt | | |
| 1 | + Flügelhorn | Schaller | Josef | Vorstadt | 16 | 2742 |
| 1 | - Flügelhorn | +Plank | Johann | Mattersburgerst. | | |
| 2 | - Flügelhorn | Zeltner | Johann | Mattersburgerstr. | | |
| 2 | - Flügelhorn | Grasl | Michael | Mattersburgerst.105 | | 24975 |
| 1 | - Tenorhorn | Schefberger | Josef | Pflanzensteig | 10 | 2679 |
| 1 | - Tenorhorn | Supola | Wilhelm | Vorstadt | 1 | |
| 1 | - Bariton | +Moser | Josef | Zollhausstr. | 1 | |
| 2 | - Bariton | Strommer | Johann | Fabriksgasse | 38 | |
| | Posaune | Grasl | Josef | Neugasse | 15 | 2150 |
| | Posaune | Grafl | Josef | Rennerstraße | 13 | 2998 |
| F | - Posaune | Pinter | Josef | Fabriksgasse | 18 | 2142 |
| Es | - Trompete | Grafl | Ernst | Hauptstraße | 37 | 2126 |
| Es | - Trompete | Haring | Eduard | Mattersburgerst. 8 | | 24223 |
| Es | - Trompete | Zeltner | Josef | Haydngasse | 2 | 24793 |
| Es | - Trompete | +Grasl | Josef | Hauptstraße | 121 | |
| Es | - Trompete | +Schlaudersitz | | Feldgasse | | |
| Es | - Trompete | Bernhardt | Josef | Mattersburgerst.153 | | |
| | Becken | Plank | Mathias | Mattersburgerst. 35 | | 28162 |
| | GroßeTrommel | Grafl | Ignaz | | | |
| | KleineTrommel | Strommer | Paul | Angerlgasse | | |
| F | - Bass | Pinter | Mathias | Waldstraße | 14 | 24102 |
| B | - Bass | +Grafl | Rudolf | Hauptstraße | | |

**Abbildung 5:** HJ-Musikanten in Schattendorf (Quelle: AMCS)

Der Schattendorfer Feuerwehrverein bekam das „Führerprinzip" nach dem „Anschluss" 1938 wohl am deutlichsten zu spüren. Die Ortsfeuerwehr erhielt die Rolle und Funktion einer „Feuerschutzpolizei" und musste sich der Ordnungspolizei und dem Obersten der Deutschen Polizei, Heinrich Himmler, unterordnen. Das gesamte Vermögen der Feuerwehr verwaltete von nun an die Gemeinde. Auch hier musste die Schattendorfer Bevölkerung auf die erfahrensten Feuerwehrmänner verzichten, da der Krieg sie bedauerlicherweise woanders brauchte. Bei einem Hochwasser des örtlichen Tauscherbaches im Jahr 1941 dürfte die weibliche Dorfbevölkerung also keine andere Wahl gehabt haben, als bei den daraus entstandenen Aufräumarbeiten tatkräftig mitzuhelfen.[237]

Wenngleich der deutsche Historiker Henning Borggräfe in seinem Beitrag sein Hauptaugenmerk auf deutsche Schützenvereine legt, so lässt sich

---

237 Vgl. Erwin *Kurz*, Freiwillige Feuerwehr Schattendorf. In: *Marktgemeinde Schattendorf* (Hg.), Schattendorf. Seine Geschichte und seine Menschen (Schattendorf 2003) 234–253, hier 240.

**Abbildung 6:** Junge musikbegeisterte Schattendorfer bei der Musterung in Mattersburg (Datum unbekannt) (Quelle: AMCS)

seine Argumentation nichtsdestoweniger auf eine Gemeinde wie Schatten-dorf umlegen: Männliche Vereinsmitglieder, welche sich noch nicht auf den Schlachtfeldern des Zweiten Weltkrieges befanden, sollten „mit ihren Aktivitäten zur Festigung der Kriegsmoral und zur Stärkung der Verbindung von Front und Heimatfront beitragen"[238]. Das den Alltag prägende örtliche Vereinsleben transformierte sich in ein überlebenswichtiges Zahnrad in der Maschinerie der ‚Volksgemeinschaft'. Damit sollten die großen Pläne des Regimes erfüllt und seine langfristigen Ziele erreicht werden.[239]

### 11.6.2 Hitlerjugend

Mit der „Jugenddienstverordnung" vom 25. März 1939 erfolgte die end-gültige Inbesitznahme der 10- bis 18-Jährigen durch die Partei. Die Heran-wachsenden hatten ihre Aufgaben in der Hitlerjugend (HJ) zu erfüllen,[240] eine Dachorganisation, welcher die HJ selbst (14- bis 18-jährige Burschen),

---

238 *Borggräfe*, „Das Ziel der Partei ist …", 189.
239 Vgl. ebenda.
240 Vgl. *Lang*, NS-Regime, Kriegsende und russische Besatzungszeit im Südbur-genland, 95.

das Deutsche Jungvolk (DJ, 10- bis 14-jährige Buben), auch „Pimpfe" genannt, der Bund Deutscher Mädel (BDM, 14- bis 18-jährige Mädchen) sowie der Jungmädelbund (JMB, 10- bis 14-jährige Mädel) als Zweige angehörten. Im Burgenland hatte bereits in den Jahren vor dem „Anschluss" eine illegale HJ bestanden, wenngleich diese mit der Schwierigkeit konfrontiert gewesen war, öffentliche Aufmerksamkeit zu erlangen.[241]

Nur einen Tag nach dem Inkrafttreten der „Jugenddienstverordnung" erschien ein Artikel der *Grenzmark-Zeitung*. Er berichtete über den Anstieg der Schattendorfer HJ-Mitglieder „von 30 auf 82, die der [sic!] DJ von 25 auf 80. Die Zahl der Jungmädchen erfuhr eine Erhöhung von 13 auf 53".[242] Was bedeutete es aber, Mitglied in einer solchen Organisation gewesen zu sein und wie sah ein typischer Tagesablauf innerhalb der Gruppe aus? Auf die Frage, ob sich das Freizeitleben nach dem „Anschluss" verändert hatte, gab Johann Pinter, der damals schon dem Jungvolk beigetreten war, folgende Antwort:

> „Ja, im 39er-Jahr [...] ist die deutsche Jugend gegründet worden [...]. Aber es ist kein Mensch gezwungen worden. Aber [...] ich weiß von meinem Jahrgang niemanden, der nicht dabei war. [...] Räuber und Gendarm [haben wir] gespielt [...]."[243]

Er erzählte weiter, dass Märsche und viel Sport am Tagesprogramm standen. Die Uniformen, welche nicht gerade billig waren, musste man sich kaufen. Das hatte zur Folge, dass die gesamte Ortsgruppe nicht immer einheitlich uniformiert auftreten konnte. Das Tragen einer Uniform war reine „Geldsache".[244] Josef Pinter hatte ähnliche Erinnerungen: Die HJ habe „allerhand für Aufmärsche" gemacht. Bei genauerem Nachfragen meinte er jedoch, dass sich niemand „quergestellt" hätte, dieser Jugendorganisation beizutreten.[245] Die Aussagen der beiden männlichen Zeitzeugen über den freiwilligen Beitritt zur Organisation widersprechen sich aber zum Teil mit dem Forschungsstand.

---

241 Vgl. *Brettl*, Nationalsozialismus im Burgenland, 162.
242 Unsere Jugendbewegung. In: Grenzmark-Zeitung, Jg. 2, Nr. 56 (26. 3. 1939) 4.
243 Interview Johann Pinter.
244 ebenda.
245 Oral History Interview mit Josef Pinter (*1924), 19. 4. 2019, Schattendorf; Audiofiles und Transkription in meinem Besitz.

**Abbildung 7:** HJ vor den Schattendorfer Kirchenmauern (Datum unbekannt) (Quelle: AMCS)

Die Mitgliedschaft in der HJ wurde definitiv zur Pflicht – allein der Begriff „Verordnung" erklärt den Beitritt als Muss. Eine bewusste Verweigerung der Mitgliedschaft wurde mit einer Geldstrafe von 150 RM oder einer Festnahme geahndet. Dass aber eine wesentliche Intention der HJ die physikalische Kräftigung und Abhärtung der Burschen war, darüber ist man sich einig. Der Sport, begleitet von völligem Gehorsam und absoluter Disziplin, war als Vorbereitung auf den militärischen Dienst gedacht.[246] So steht außer Frage, dass auch der erste Einsatz und Gebrauch von Waffen einen Platz in der HJ erhielt. Ab dem 15. Lebensjahr standen Schießübungen oder das Erlernen von Kampftaktiken im Gelände in der Nähe von sogenannten „Wehrertüchtigungslagern" an der Tagesordnung, um die Jugendlichen an kriegsähnliche Situationen zu gewöhnen. Für die Ausbildung selbst war die Waffen-SS verantwortlich, die das Ziel verfolgte, die jungen Buben für ihren eigenen Verband anzuwerben.[247]

Ähnliches hatte Johann Pinter zu durchlaufen, denn er erzählte, dass er selbst nach Weihnachten 1944 zur SS kam, eine militärische Ausbildung

---

246 Vgl. *Brettl*, Nationalsozialismus im Burgenland, 162.
247 Vgl. ebenda, 166–167.

aber schon in der HJ erhalten hatte. Mit zehn Jahren wurden sie bereits an Kriegsspiele gewöhnt. Ihnen wurde eingetrichtert, dass sie „heute oder morgen für das deutsche Vaterland [zu] kämpfen" hätten. Lachend fügte er hinzu, dass er und seine Kameraden als Spähtrupp fungieren mussten. Das Scharfschießen, Schätzen von Entfernungen sowie das Radfahren waren ebenfalls Tätigkeiten eines Hitlerjungen.[248] All die Aktivitäten stellten dem Anschein nach im Vergleich zum „normalen" Alltag vor dem „Anschluss" eine willkommene Abwechslung dar. Die Hitlerjugend, welche doch entscheidend dazu beitragen sollte, die nationalsozialistische ,Volksgemeinschaft' weiter zu konsolidieren, bot eine vielseitige Auswahl an Freilufterlebnissen. Die ,Volksgemeinschaft' hatte sich also für die jungen Burschen und Mädchen auch zu einem Ort der gemeinsamen Erlebnisse entwickelt.

In der Mädchenorganisation der Hitlerjugend, dem BDM, wurden in Schattendorf hinsichtlich der Pflichterfüllung aber Ausnahmen gemacht. Frau Grasl[249] erklärte, dass sie aufgrund der überlebenswichtigen bäuerlichen Arbeit zu Hause nicht in den BDM aufgenommen wurde. Ida Grafl[250] hingegen hätte diesem „Freizeitverein" beitreten müssen. Ihr Vater, den sie auf den Äckern unterstützen musste, konnte sie jedoch von einer zwingenden Mitgliedschaft befreien:

„[Ich wurde davon] enthoben, weil der Bruder ja eingerückt ist [...]. [Dann] ist mein Vater [zu der dafür zuständigen Leitung] runtergegangen und hat gesagt: ‚Naja, wenn ihr mir jetzt (unv.) [meine Tochter] auch noch wegnehmt, [dann] müssen wir zu wirtschaften aufhören'. Und da haben sie mich enthoben."[251]

Die Musterung zur Aufnahme in den BDM musste Frau Grafl dennoch durchlaufen. Während des Interviews wurde ihr ein Foto gezeigt, auf dem sie sich selbst und einige ihrer Kameradinnen wiedererkannte. Begeistert zählte sie einige Namen auf, als ob ihre jungen Erlebnisse in der Gruppe anfangs einem Abenteuer glichen. Die Aufmärsche der Mädel im Dorf besuchte sie jedoch kaum, denn die bäuerliche Arbeit am Feld hatte sie immer „hundsmüde" gemacht.[252]

248 Interview Johann Pinter.
249 Interview Martha Grasl.
250 Interview Ida Grafl.
251 ebenda.
252 ebenda.

**Abbildung 8:** „Des Führers Mädchen" mit Bgm. Josef Pinter – Musterung in Schattendorf (Datum unbekannt) (Quelle: AMCS)

Zu den allgemeinen Hauptaufgaben des Mädelbundes zählten diverse Dienstleistungen, die das Gemeinschaftswohl fördern sollten. Anfangs noch mit Sportwettbewerben beschäftigt, setzten sie sich später mit Gesundheitspflege und Erster Hilfe auseinander. Sobald die Mädchen das 16. Lebensjahr erreicht hatten, gerieten typische Frauenangelegenheiten sowie die Vorbereitung auf das traditionelle Familienleben in den Mittelpunkt. Um die Tagesprogramme so abwechslungsreich wie möglich zu gestalten, kamen auch kulturelle Aktivitäten, wie Musik, Tanz, Kino und Gymnastik, nicht zu kurz.[253] Wurden kleinere Veranstaltungen durchgeführt, arbeiteten die jungen Schattendorfer und Schattendorferinnen eng miteinander zusammen. So fanden beispielsweise im Zuge eines Heim- und Elternabends zwei Theateraufführungen[254] zur Jahreswende 1942/43 statt. Der Reinertrag von 1.130 RM kam dem Deutschen Roten Kreuz zugute. Auch waren Hitlerjugenden aus anderen Ortschaften[255] nicht abgeneigt, ihr Theaterprogramm

---

253  Vgl. *Lang*, NS-Regime, Kriegsende und russische Besatzungszeit im Südburgenland, 101–102.
254  Theaterabend der HJ. In: Grenzmark-Zeitung, Jg. 6, Nr. 1 (7. 1. 1943) 5.
255  Theateraufführung. In: Grenzmark-Zeitung, Jg. 2, Nr. 57 (2. 4. 1939) 9.

im Kinosaal in Schattendorf zu zeigen, wie zum Beispiel jene aus Eisenstadt. Laut Zeitungsbericht hätten viele „aufmerksame Zuhörer" diese Vorstellung besucht.

Wie also leicht festgestellt werden kann, waren die im Burgenland tätigen nationalsozialistischen Berichterstatter und Zeitungsartikelverfasser äußerst bemüht, der Schattendorfer HJ des Öfteren Platz in der Presse einzuräumen. Immer wieder erschienen kurze Absätze über das dörfliche Jungvolk. In einem hier finalen Beispiel heißt es, dass die Pimpfe nun auch „im Freien [anzu]treffen" seien. „Die meisten unter ihnen haben schon Uniformen. Allenthalben sind sie an der Arbeit."[256]

Die Schattendorfer Jugend dürfte dabei kein feierliches Ereignis ausgelassen haben. Denn wie in der Einleitung dieser Arbeit auf die inszenierte Sonnwendfeier aufmerksam gemacht wurde, erfuhr auch die Wintersonnenwende großen Anklang in Schattendorf. Johann Pinter[257] meinte, dass nicht nur die Sommersonnenwende, sondern auch die Wintersonnenwende im nationalsozialistischen Sinne oder, anders ausgedrückt, „unter germanischen Vorbildern" gefeiert wurde. Viele Dorfbewohner, vor allem aber Kinder hätten begeistert daran teilgenommen. Auch das Aufstellen des Maibaumes, das von den Nationalsozialisten pompös im Ort aufbereitet wurde, fand beträchtlichen Andrang.

Die Schattendorfer Jugend stand in engem Kontakt mit der Ortsparteileitung. So wurde Anfang Mai 1943 anlässlich des Führergeburtstages ein wiederum sehr kurz gehaltener Artikel veröffentlicht, der über die Aufnahme der Zehnjährigen in das Jungvolk berichtete:

„Sonntag um 2 Uhr nachmittags vereinigte sich die Parteigenossenschaft und die Jugend von Schattendorf im Saale Tscharmann zu einer erhebenden Feier, bei der Kreispersonalamtsleiter Wiener aus Eisenstadt die Festrede hielt. Er verstand es, die Herzen für den Führer zu entbrennen und zu begeistern. Seine Ausführungen hinterließen dauernde Wirkung."[258]

Der Glaube an den Führer Adolf Hitler und seine Herrschaft über das Dritte Reich sollte durch die Presse weiter gefestigt werden. Dass der Krieg jedoch

---

256 Pimpfe. In: Grenzmark-Zeitung, Jg. 2, Nr. 58 (9. 4. 1939) 4.
257 Interview Johann Pinter.
258 Führers Geburtstag und Aufnahme der Zehnjährigen in das Jungvolk. In: Grenzmark-Zeitung, Jg. 6, Nr. 18 (7. 5. 1943) 6.

**Abbildung 9:** Ein Marsch zum Wohle der ‚Volksgemeinschaft' (Datum
unbekannt) (Quelle: AMCS)

zu diesem Zeitpunkt nicht mehr zu gewinnen und die ‚Volksgemeinschaft'
dem Untergang geweiht war, stand im Wesentlichen mit den vorangegangenen militärischen Niederlagen der Deutschen Wehrmacht[259] an der Ostfront
fest. Dennoch hielt es der „Journalismus" weiterhin für notwendig, den
Eindruck eines nicht zu brechenden Zusammenhaltes des deutschen Volkes
zu gewinnen. Die spätere Periode der Durchhalteparolen hatte somit ihre
erste Vorstufe erreicht.

### 11.6.3 NS-Frauenschaft

Blieb die Jugend im NS-Organisationsnetz gefangen und konnte sich darin
nur sehr eingeschränkt „frei" bewegen, so widerfuhr den erwachsenen Frauen
ein unbefangeneres Schicksal. Nationalsozialistische Frauengruppen[260] hatte

---

259 Vgl. Rolf-Dieter *Müller*, Der Zweite Weltkrieg (Geschichte kompakt, Darmstadt 2015) 94–97.
260 Vgl. Johanna *Gehmacher*, ‚Völkische Frauenbewegung'. Deutschnationale und
   nationalsozialistische Geschlechterpolitik in Österreich (Wien 1998) 112–121.

**Abbildung 10:** HJ des Jahrgangs 1924 als Wachen vor der Volksschule (Umstände und exaktes Datum unbekannt) (Quelle: AMCS)

es in Österreich bereits in den 1920er-Jahren gegeben. Insbesondere in der Hauptstadt Wien spielten sie innerhalb der NS-Parteien- und Organisationsstruktur eine nicht unwesentliche Rolle. Ihre zentrale Aufgabe lag in der Nächstenliebe und Wohltätigkeit: das Sammeln von Geld- und Sachspenden sowie die Organisation und Vorbereitung von sogenannten Mittagstischen für ärmere Parteimitglieder.

1938 übernahm Frau Toth die Leitung der NS-Frauenschaft in Schattendorf.[261] Nicht selten fand auch diese Ortsformation Eingang in der Presse. Frau Toth und ihre Anhänger waren fleißige Spendensammlerinnen. Die Journalisten sparten nicht mit lobenden Worten und fanden dabei auch einen Weg, die von den Volksgenossinnen erbrachten Leistungen sofort an den Erhalt und die Wahrung der ‚Volksgemeinschaft' zu knüpfen:

„Die Wäschesammlung für das Rote Kreuz brachte bei uns einen ganz außergewöhnlichen Erfolg. Größtenteils wurden völlig neue Stücke (Leintücher, Handtücher, Hemden usw.) gespendet. In mächtigen Wäschekörben schleppten die Mitglieder der NS-Frauenschaft die Spenden zum Sammelplatz. Neben den

261 Vgl. *Bauer*, Vom Beginn der Aufbauarbeit bis zum Ende des Zweiten Weltkrieges, 96.

reichen Sachspenden wurden auch namhafte Geldbeträge gegeben. Es ist erfreulich, daß so viel Verständnis für die Erfordernisse der großen Zeit, in der wir leben, aufgebracht wird. Die verschworene Volksgemeinschaft, so wie sie der Führer will, fand bei dieser Sammlung überzeugenden Ausdruck."[262]

Ungefähr ein Jahr zuvor hatten einige Mitglieder der Schattendorfer Frauenschaft eine bedürftige Witwe unterstützt. Für die arme Frau wurde die Herbsternte eingebracht.[263] Auch während der Kriegstage konnte eine beträchtliche Menge von 250 Kilogramm an Genussmitteln gespendet werden, wie beispielsweise Bäckereien, Obst, Zigaretten und Wein. Der Zeitungsartikel endet mit einer zu erwartenden Redensart: „Nur brav vorwärts in der Arbeit, ihr Frauen von Schattendorf, zeigt euch der neuen Ortsgruppe würdig."[264]

Mithilfe der Presseberichte lässt sich einerseits sehr gut erkennen, dass die Schattendorfer Frauen einen nicht zu unterschätzenden Dienst an der ‚Volksgemeinschaft' zu erfüllen hatten. Dieses weibliche Rollenverständnis, gekennzeichnet durch eine zunehmende Bereitschaft zur Erfüllung diverser Unterstützungstätigkeiten, zeigt aber auf der anderen Seite, dass mit der Fortdauer des Krieges die Versorgungslage der Deutschen Wehrmacht an der Front allmählich ins Wanken geriet. Das Weiterkämpfen war nun sehr stark von der Heimatfront abhängig geworden. Hitlers globaler Krieg wurde also auch im „Freizeitleben" der Schattendorfer immer spürbarer.

## 11.7 Die katholische Kirche

Wird die katholische Geistlichkeit im Rahmen des Nationalsozialismus behandelt, lassen geschichtswissenschaftliche Thesen einer politisch und soziokulturell eingenommenen Stellung der Gegnerschaft und Rivalität, aber auch theoretische Auffassungen über eine kollegiale Fügsamkeit nicht lange auf sich warten. Nochmals hervorzuheben ist, dass der schon behandelte Entkonfessionalisierungsprozess nicht nur auf das Schul- und Vereinswesen beschränkt blieb. Gesamtpolitisch betrachtet bewirkte der

262 Die Wäschesammlung für das Rote Kreuz. In: Grenzmark-Zeitung, Jg. 2, Nr. 81 (16. 9. 1939) 6.
263 Hilfsbereitschaft. In: Grenzmark-Zeitung, Jg. 1, Nr. 35 (30. 10. 1938) 4.
264 Betreuung der Verwundeten. In: Grenzmark-Zeitung, Jg. 6, Nr. 1 (7. 1. 1943) 5.

Nationalsozialismus eine allseitige Zurückdrängung des kirchlichen Einflusses.[265] Besonders betroffen war die Ausübung der Seelsorge, welche nur mehr auf kirchlichem Areal vonstattengehen durfte. Damit einhergehend erfolgte ganz besonders im Burgenland eine strenge Beobachtung Angehöriger der hohen Geistlichkeit, da hier das Deutsche Reich endete.[266] Ferner fanden parallel zu den kirchlichen Messen Zusammenkünfte und Veranstaltungen der Partei statt, um in jeglicher Art und Weise die Menschen an der Teilnahme am Gottesdienst zu hindern. Religiöse Feiertage, wie zum Beispiel „Maria Himmelfahrt", gab es nicht mehr und neben der Bespitzelung von Predigten wurden kirchliche Traditionen, also Prozessionen und Wahlfahrten, boykottiert.[267] 1938 wurden in Schattendorf diverse kirchliche Vereine und Bewegungen, wie zum Beispiel die Katholische Aktion-Ortsgruppe (KA), der katholische Männergesangsverein oder die Rosenkranzbruderschaft, verboten.[268]

Im Verlauf der Zeitzeugengespräche entstand der Eindruck, dass in Schattendorf die Anzahl der Kirchengeher während der nationalsozialistischen Herrschaft nicht gerade gering war. Dies wiederum bedeutete, dass entweder keine Parteiveranstaltungen während der Kirchgänge stattfanden oder die Ortsbevölkerung Christus schlichtweg mehr Glauben schenkte als der ‚Volksgemeinschaft'. Frau Trimmel[269] erinnerte sich lediglich daran, dass Erwachsene an einem Sonntag das Kirchgengebäude kurz nach ihrer Ankunft wieder verlassen mussten, weil sie vergessen hatten, „Heil Hitler" zu grüßen.

Ob auch die politische Einstellung des örtlichen Dorfpfarrers Leopold Müllner der Dorfbevölkerung genauestens bekannt war, ist nicht mehr zu

---

265 Vgl. Walter *Sauer*, Loyalität, Konkurrenz oder Widerstand? Nationalsozialistische Kultuspolitik und kirchliche Reaktionen in Österreich 1938–1945. In: Emmerich *Tálos*, Ernst *Hanisch*, Wolfgang *Neugebauer*, Reinhard *Sieder* (Hg.), NS-Herrschaft in Österreich. Ein Handbuch (Wien 2000) 159–186.

266 Vgl. Hans Peter *Zelfel*, Wo das Burgenland Burgenland blieb. Zur Geschichte der katholischen Kirche. In: Stefan *Karner* (Hg.), Das Burgenland im Jahr 1945 (Beiträge zur Landes-Sonderausstellung 1985, Eisenstadt 1985) 255–268, hier 256.

267 Vgl. *Zelfel*, Wo das Burgenland Burgenland blieb, 260.

268 Vgl. *Bernhardt*, *Bauer*, Kirchengeschichte, 167–168.

269 Interview Maria Trimmel.

eruieren. Dass er es auch nicht als notwendig empfand, die Pfarrchronik fortzuführen, um darin eventuell seine politische Gesinnung herauslesen zu können, wurde bereits im Methodenkapitel angeführt. Es darf aber angenommen werden, dass er sich den Strukturen und Ausprägungen der NS-‚Volksgemeinschaft' mehr oder weniger fügte. Gendarmeriebeamte[270] waren sich im August 1940 einig, dass Pfarrer Müllner sich „[g]egenüber der NSDAP […] gleichgültig" gab, woraufhin sie schlussfolgerten, „dass er in seinen kirchlichen Agenden [nicht] gegen die Partei auftritt."

## 11.8 „Gemeinschaftsfremde"[271] Dorfbewohner

### 11.8.1 Juden

Das traurige Schicksal der jüdischen Bevölkerung während des Nationalsozialismus in Österreich ist allseits bekannt. Überflutete in den Jahren 1938 bis 1940 eine erste Welle an antisemitischen Maßnahmen das Land, welche hauptsächlich Beraubung jüdischen Eigentums und den Ausschluss aus der ‚Volksgemeinschaft', also Vertreibung, beinhalteten, folgte in den darauffolgenden Jahren die Deportation und systematische Tötung dieser Bevölkerungsgruppe in europäischen Konzentrations- und Vernichtungslagern. Wien war davon am stärksten betroffen, lebte doch das Gros der Menschen jüdischen Glaubens in der Hauptstadt.[272] Mit beinahe 4.000[273] Ansässigen hatte das Burgenland die drittgrößte jüdische Volksgruppe – neben Wien und Niederösterreich.[274] Obwohl die „Nürnberger Rassengesetze"

---

270  BLA, Kultus, Ehe, Matriken, Legitimierungen und Kirchenräte, XI-544/1940, Leopold Müllner.

271  Siehe dazu *Peukert*, Volksgenossen und Gemeinschaftsfremde.

272  Vgl. Florian *Freund*, Hans *Safrian*, Die Verfolgung der österreichischen Juden 1938–1945. Vertreibung und Deportation. In: Emmerich *Tálos*, Ernst *Hanisch*, Wolfgang *Neugebauer*, Reinhard *Sieder* (Hg.), NS-Herrschaft in Österreich. Ein Handbuch (Wien 2000) 767–794, hier 767.

273  Vgl. Pia *Bayer*, Dieter *Szorger*, Der Weg zum Anschluss. Burgenlandschicksal 1928–1938 (Wissenschaftliche Arbeiten aus dem Burgenland 125, Eisenstadt 2008) 78.

274  Vgl. Klaus-Dieter *Mulley*, Zur „Eindeutschung" des Burgenlandes. Juden, Kroaten und Magyaren zwischen Dissimilierung und Germanisierung 1938–1945. In: Stefan *Karner* (Hg.), Das Burgenland im Jahr 1945 (Beiträge zur Landes-Sonderausstellung 1985, Eisenstadt 1985) 133–148, hier 134.

in Österreich erst am 20. Mai 1938 wirksam wurden, wodurch Juden und Jüdinnen ihre politische und staatsbürgerliche Gleichberechtigung („Reichsbürgergesetz") sowie das Recht auf Verehelichung und Sex („Blutschutzgesetz") verloren,[275] hatte sich Gauleiter Tobias Portschy bereits im März auf diese im „Altreich" vorhandene Gesetzeslage berufen.[276] So gilt er heute als „Vorkämpfer dessen, was als ‚Endlösung der Judenfrage' in die Geschichte eingehen sollte."[277]

Die Anzahl an jüdischen Einwohnern in Schattendorf war klein. Es lebten lediglich die Kaufmannsfamilie Nußbaum und Dr. Alfred Berger, ein Arzt, mit seiner Ehefrau Margarete in der Gemeinde. Chlothilde Nußbaum führte einen Gemischtwarenhandel auf der Hauptstraße 122 und hatte vier Kinder, nämlich die Söhne Adalbert und Sigfried sowie die Töchter Elsa und Karoline-Sarah. Ihr Mann war noch vor dem Ersten Weltkrieg verstorben. Die beiden Töchter zogen nach ihren Hochzeiten nach Ödenburg. Manchmal ließ sich auch ein gewisser Hermann Lederer, ein jüdischer Wanderhändler ohne festen Wohnsitz, in Schattendorf blicken.[278]

Herrschte in der zweiten Märzwoche 1938 gezielte antisemitische Maßlosigkeit in anderen burgenländischen Ortschaften, wo NS-Ortsgruppen Wohnhäuser sowie Geschäfte marodierten und brandschatzten,[279] blieben den Schattendorfer Juden diese bestialischen Vorgänge einigermaßen erspart. Adalbert Nußbaum brach noch im März in die Schweiz auf, um von dort aus Fluchtpläne für die übrigen Familienmitglieder zu entwerfen. Drei Monate später schließlich und noch rechtzeitig, am 18. Juni 1938, gelang Familie Berger die Flucht nach New York. Chlothilde und Sigfried begaben sich nach Israel. Adalberts Frau und Kinder konnten ebenfalls nach Paris fliehen. Seine Schwestern Elsa und Karoline-Sarah hatten in Ungarn leider weniger Glück, denn sie fanden im – nicht genauer genannten – Konzentrationslager den Tod.[280]

---

275 Vgl. *Brettl*, Nationalsozialismus im Burgenland, 302–303.
276 Vgl. *Bayer, Szorger*, Burgenlandschicksal 1928–1938, 77–78.
277 *Bayer, Szorger*, Burgenlandschicksal 1928–1938, 78.
278 Vgl. Erwin *Kurz*, Juden in Schattendorf. In: *Marktgemeinde Schattendorf* (Hg.), Schattendorf. Seine Geschichte und seine Menschen (Schattendorf 2003) 447–449, hier 447–448.
279 Vgl. *Brettl*, Nationalsozialismus im Burgenland, 299–300.
280 Vgl. *Kurz*, Juden in Schattendorf, 448.

Im Gespräch schilderte Frau Grafl, dass ihr keine Feindseligkeiten gegenüber den jüdischen Familien aufgefallen wären. Die Familie Nußbaum hatte überhaupt einigen Dorfbewohnern, wie zum Beispiel dem „Weberschuster", oft unter die Arme gegriffen und ihnen somit das Leben gerettet. Ansonsten wären diese nämlich verhungert.[281] Frau Nußbaum war ein sehr gutmütiger Mensch gewesen, ließ sie doch die Einkäufer Schulden machen.[282] Der burgenlandweite Geschäftsboykott[283] gegen jüdische Einzelhändler war auch in Schattendorf zu beobachten, da ortsansässige Nazis, höchstwahrscheinlich Mitglieder der HJ, vor Chlothildes Laden standen und nur mehr das Kindermädchen, aber keine Kunden passieren ließen.[284] Schattendorfer Schuldner dürften also über die anschließende Flucht ihrer jüdischen Gläubiger nur allzu froh gewesen sein.

Im Hinblick auf die Judenfeindlichkeit gab Herr Pinter zu Wort, dass „im Allgemeinen" immer schon eine gewisse Abneigung gegen sie zu verspüren war, wenn auch nicht sehr ausgeprägt.[285] Frau Trimmel war während der Anschlusstage erst sechs Jahre alt, Beschimpfungen gegenüber den jüdischen Familien waren ihr jedoch noch in Erinnerung: „Naja, genug haben gesagt, das sind eh die Geschäftsleute gewesen [...]. ‚Du gestunkener Geldesjude', [...] [so] die Kinder zum [Herrn] Nußbaum, [...]."[286] Der von Frau Trimmel genau wiedergegebene Wortlaut der verbalen Erniedrigung zeugt davon, dass Teile der Schattendorfer Bevölkerung feindselig und beschimpfend den Juden und Jüdinnen im Dorf gegenübertraten. Wenngleich Schriftquellen über gewalttätige Auseinandersetzungen zwischen Juden und Nichtjuden schweigen, muss dies aber nicht automatisch bedeuten, dass es im Dorf *nur* beim mündlichen Antisemitismus blieb.

Nachdem die jüdischen Familien aus Schattendorf geflohen waren, setzten die sogenannten Arisierungen ein. Ziel dahinter war die Verdrängung der Juden und Jüdinnen aus dem Berufs- und Wirtschaftsleben sowie die Erbeutung ihrer Habseligkeiten, vorwiegend Geschäftseinrichtungen, durch

281 Interview Ida Grafl.
282 Vgl. *Kurz*, Juden in Schattendorf, 448.
283 Vgl. *Brettl*, Nationalsozialismus im Burgenland, 300.
284 Vgl. *Kurz*, Juden in Schattendorf, 448.
285 Interview Johann Pinter.
286 Interview Maria Trimmel.

„deutsche" Eigentümer. NS-Kommissare wurden mit der Abwicklung der verschiedenen Veräußerungen behördlich beauftragt und taten auch alles erdenklich Mögliche, um selbst daraus materielle Profite zu ziehen. Die Verkäufe der Grundstücke erfolgten hauptsächlich unter dem Schätzwert sowie ohne Wissen der benachteiligten Eigentümer.[287] Um die Veräußerung von Adalbert Nußbaums Besitztümer entstand ein langwieriger bürokratischer Prozess, dessen Hauptmerkmal ein ständiger Wechsel der Befugnisse und Verantwortungsbereiche verschiedener nationalsozialistischer Beamter war. Das Schattendorfer Ehepaar Johann und Maria Grafl waren an Nußbaums Besitztümern interessiert. Der Prozess, beginnend im Mai 1939 mit dem Einreichen von diversen Formularen und Dokumenten (bspw. „Ansuchen um Genehmigung der Erwerbung", „Schätzungsbefund" oder „Sittenzeugnis" des Ehepaares Grafl), endete schließlich mit der Aufsetzung eines Kaufvertrages im Jahre 1942.[288] Gemäß den Mitteilungen des Bürgermeisteramtes von Schattendorf war Hermann Lederer ein ungarischer Raten- und Schnittwarenhändler ohne eine örtliche Geschäftsniederlassung. Sein damaliger Aufenthaltsort konnte von Bürgermeister Josef Pinter nicht genannt werden. Eine geplante Liquidierung beziehungsweise Entjudung eines möglichen Handelsbetriebes Lederers in Schattendorf war somit hinfällig geworden.[289]

## 11.8.2 Roma

In den 1930er-Jahren war der burgenländische Bezirk Oberwart jene Region mit den meisten Roma. Im Bezirk Mattersburg hingegen belief sich 1936 der Anteil an „Zigeunern" – eine abwertende Bezeichnung für diese Minderheit, die heute vermieden werden sollte – auf 1,45 Prozent der Bezirksbevölkerung.[290] Der Leidensweg der burgenländischen Roma und Sinti während der

---

287　Vgl. *Brettl*, Nationalsozialismus im Burgenland, 304.
288　*BLA*, Arisierungsakten des nördlichen Burgenlandes, Faszikel 17, 2624b, Adalbert Nußbaum.
289　*BLA*, Arisierungsakten des nördlichen Burgenlandes, Faszikel 32, 3388, Hermann Lederer.
290　Vgl. Eduard G. *Staudinger*, Die Zigeuner im Burgenland 1938–1945. In: Stefan *Karner* (Hg.), Das Burgenland im Jahr 1945 (Beiträge zur Landes-Sonderausstellung 1985, Eisenstadt 1985) 149–164, hier 150.

NS-Herrschaft, welcher hauptsächlich im Anhaltelager Lackenbach und in verschiedenen Konzentrations- und Vernichtungslagern sein Ende fand, ist geschichtswissenschaftlich gut aufgearbeitet worden[291] und bedarf daher keiner weiteren Darstellung in dieser Arbeit.

Mit dem „Anschluss" setzten Hetzkampagnen gegen die ethnische Minderheit ein, gefolgt von den ersten Transporten nach Mauthausen und später nach Ravensbrück, Dachau und Ausschwitz. Tobias Portschy galt hierbei wieder als *die* treibende Kraft.[292] 1936 lebten 42 Roma in Schattendorf.[293] Mindestens neun davon kamen in den eben genannten Todestätten um. Am 6. April 1941 transportierte man die in Schattendorf zurückgebliebenen Frauen und Kinder mit einem LKW in das Lackenbacher Lager. Heute kann angenommen werden, dass diese daraufhin nach Litzmannstadt/Kulmhof (Polen) gebracht und anschließend ermordet wurden.[294] Wie der jüdischen Bevölkerung war auch den Roma ein Platz in der ‚Volksgemeinschaft' verwehrt worden. Im Sog des nationalsozialistischen Unmenschseins fanden viele von ihnen den Tod.

## 12. Das Bemühen, die ‚Volksgemeinschaft' zu retten

### 12.1 Reichsarbeitsdienst (RAD)

Der Dienst an der ‚Volksgemeinschaft' war durch eine Mitgliedschaft in nationalsozialistischen Unterorganisationen nicht vollständig abgeleistet. Die Aufgaben, die man in den frühen Jahren der Herrschaft insbesondere als Hitlerjunge oder Jungmädel erfüllen sollte, dienten regelrecht als Vorbereitung auf und Gewöhnung an den tatsächlichen Kriegsdienst, der im Laufe der globalen Katastrophe immer strengere und härtere Ausmaße in

---

291  Siehe dazu *Brettl,* Nationalsozialismus im Burgenland, 265–281; siehe auch eine aktuellere Hochschulschrift von Michelle *Neubauer,* Ethnische Minderheiten im Burgenland während des Nationalsozialismus (Diplomarbeit Universität Wien 2018).

292  Vgl. Gabriele *Weber-Grasl,* Roma in Schattendorf. In: *Marktgemeinde Schattendorf* (Hg.), Schattendorf. Seine Geschichte und seine Menschen (Schattendorf 2003) 444–446.

293  Vgl. Gerhard *Baumgartner,* Herbert *Brettl,* „Einfach weg!". Verschwundene Romasiedlungen im Burgenland (Wien/Hamburg 2020) 308.

294  Vgl. *Baumgartner, Brettl,* „Einfach weg!", 311.

der Heimat annahm. Während die Männer auf dem Schlachtfeld ihr Leben riskierten oder in Gefangenschaft auf ihre Heimkehr hofften und die Ehefrauen somit die Landwirtschaft übrig hatten, mussten sich arbeitstaugliche Mädchen und Burschen ab dem 18. Lebensjahr im Reichsarbeitsdienst (RAD) für Volk und Vaterland aufopfern. War zu Beginn nur das Sammeln von Rohstoffen und Pflanzen für das deutsche Militär eine wesentliche Hauptaufgabe des RAD gewesen, hatten ab 1941 die Mädchen zusätzlich Kriegshilfsdienst abzuleisten. Die Burschen erhielten eine militärische Ausbildung in gesonderten Lagern, wie zum Beispiel in Schützen am Gebirge oder Andau. Darauffolgend wurden sie entweder zur Deutschen Wehrmacht eingezogen oder hatten ihren Dienst mit der Schaufel in der Reichsarbeit weiterzuführen.[295]

Josef Pinter durchlief Ähnliches: Zu Beginn seines Arbeitsdienstes habe er gleich neben Krampen und Schaufeln einen Karabiner bekommen. Er trat am 17. Februar 1942 seinen Dienst an, später kam er zur Wehrmacht.[296] Frau Trimmel erinnerte sich, dass sie Seidenraupen sammeln und Blätter pflücken musste. Letztere waren für den Tee der Soldaten bestimmt.[297] Zu der vorgeschriebenen Sammelaktion innerhalb des Kriegsdienstes gehörte auch das Herbeischaffen von Altstoffen, wie zum Beispiel durch das Abnehmen der Kirchenglocken.[298] Das daraus gewonnene Altmetall wurde an die Kriegsindustrie weitergegeben. Der bereits erwähnte Dorfpfarrer Leopold Müllner wurde 1941 aufgefordert, den Behörden ein Kirchenglockenverzeichnis zu schicken. Ein Jahr später wurden sämtliche Glocken – bis auf die Totenglocke – dem Krieg zur Verfügung gestellt.[299]

## 12.2 Kriegswenden, Gefallenenmeldungen und Durchhalteparolen

Schon im Winter 1941/42 realisierte das Oberkommando der Deutschen Wehrmacht (OKW), dass ihre Siegeszüge nicht von Dauer sein würden. Die kalte Jahreszeit sowie ein beträchtlicher Nachschubmangel behinderten die deutschen Soldaten, in der Sowjetunion militärische Fortschritte zu erzielen.

---

295 Vgl. *Brettl*, Nationalsozialismus im Burgenland, 207–211.
296 Interview Josef Pinter.
297 Interview Maria Trimmel.
298 Vgl. *Zelfel*, Wo das Burgenland Burgenland blieb, 258.
299 Vgl. *Bernhardt, Bauer*, Kirchengeschichte, 157.

**Abbildung 11:** Die Schattendorfer Kirchenglocken kurz vor ihrem Abtransport 1942 (Quelle: AMCS)

Eine ähnliche Situation herrschte zur selben Zeit weiter südlich: Die Briten waren erfolgreich gewesen, Rommels Armee in Nordafrika aufzuhalten. Die US-amerikanische Kriegserklärung an Japan Ende 1941 ließ die Luft für die Achsenmächte noch dünner werden. Mit der Katastrophe in Stalingrad – der beinahe vollständigen Vernichtung der 6. Armee in den ersten zwei Monaten des Jahres 1943 – und der Landung der Alliierten im Juli desselben Jahres in Italien sowie im Juni 1944 in der französischen Normandie wurde für Hitlers Soldaten der Frontenkreis immer enger gezogen.[300]

Es steht außer Frage, dass die steigenden Verluste an deutschen Wehrmachtssoldaten mit der Ausweglosigkeit und den fortan andauernden Niederlagen des deutschen Militärs in Verbindung standen. Der Krieg nahm besonders ab 1943 immer schlimmere Ausmaße für Schattendorf an, erschienen doch in der *Grenzmark-Zeitung* immer wieder Berichte über in den Kämpfen gefallene Ortsbewohner.[301] Ließ man die Gemeinde

---

300  Vgl. *Echternkamp*, Das Dritte Reich, 83–86.
301  So bspw. in der Ausgabe vom 19. Februar, 12. März, 2. April, 27. August, 15. Oktober, 29. Oktober, 12. November und 3. Dezember 1943.

Schattendorf separat in Kenntnis davon setzen, so wurde der Gemeinde-
diener Josef Pinter infolgedessen beauftragt, die traurigen Meldungen den
Angehörigen persönlich zu übergeben.[302] Oft übernahm diese Aufgabe
aber auch Ortsgruppenleiter Tranker, vor allem dann, wenn es sich bei
den Betroffenen um ansehnliche Personen, wie zum Beispiel Wirtssöhne,
handelte.[303] Besonders zitierenswert erscheint die Todesnachricht des Schattendorfers Johann Spuller, welcher am 7. September 1943 an der Ostfront
sein Leben ließ:

> „[…] Bei der Ueberreichung der Nachricht von dem Heldentod des Sohnes war
> die herzleidende Mutter des Gefallenen ruhig in ihrem Schmerz und sagte die
> Worte: ‚Jetzt habe ich alles, was ich nur auf der Welt hatte, verloren. Kind, wenn
> nur dein Opfer nicht umsonst ist!‘ Der deutsche Sieg wird der herrliche Lohn
> auch dieses Opfers sein.“[304]

Die Trauer der Mütter und Väter, welche ihre Söhne im Krieg verloren hatten, versteht sich von selbst. Es musste sich für die Angehörigen fürchterlich
angefühlt haben, in einer kleingedruckten Anzeige über den Tod des Sohnes,
Enkels, Bruders, Ehemannes etc. zu erfahren. Ob aber Spullers Mutter jene
eben zitierte Aussage wörtlich von sich gab, ist unmöglich nachzuprüfen.
Tatsache ist, dass das Sprechen vom Heldentod und dem bevorstehenden
deutschen Sieg zu einem Schauspiel geworden war, das lediglich den Zweck
hatte, die Überzeugung vom Funktionieren der ‚Volksgemeinschaft‘ trotz
zahlreicher Todesanzeigen nicht zu verlieren. Wengleich der Strick um die
Köpfe der deutschen Generalität immer enger wurde, ließ man sich nicht
davon abhalten, weiterhin Siegesstimmung und später dann Durchhalteparolen in der Öffentlichkeit zu verbreiten.

Bezug nehmend auf den ehemaligen Wehrmachtsoffizier Erich Murawski[305] bringt Manfried Rauchensteiner die Inhalte des nicht ermüdenden

302 Vgl. *Bauer*, Vom Beginn der Aufbauarbeit bis zum Ende des Zweiten Weltkrieges, 97.
303 Heldentod. In: Grenzmark-Zeitung, Jg. 6, Nr. 13 (2. 4. 1943) 6; Gefallen.
In: Grenzmark-Zeitung, Jg. 6, Nr. 27 (9. 7. 1943) 7.
304 Gefallen. In: Grenzmark-Zeitung, Jg. 6, Nr. 43 (29. 10. 1943) 5.
305 Erich *Murawski*, Der deutsche Wehrmachtbericht 1939–1945. Ein Beitrag
zur Untersuchung der geistigen Kriegsführung. Mit einer Dokumentation der
Wehrmachtberichte vom 1. 7. 1944 bis zum 9. 5. 1945 (Schriften des Bundesarchivs 9, Boppard am Rhein 1962).

Propagandaaufwandes der militärisch geschwächten Nationalsozialisten erfolgreich zu Wort. Zwar bezieht sich seine Überlegung auf den Realitätsverlust der deutschen Führung in den letzten Kriegsmonaten 1945. Die Tendenz der Partei, die aussichtslose Lage im Krieg zu verschönern, lässt sich aber schon weit früher – wie eben anhand der Todesanzeige gezeigt – feststellen:

> „Was aus Rundfunk und Zeitungen zu erfahren war, entbehrte zwar nicht einiger Richtigkeit, doch wurde die Wahrheit durch Weglassung und andere Gewichtungen so entstellt, daß nur mehr ein Quentchen übrigblieb."[306]

So überrascht es auch nicht, dass – wie auch Frau Grafl schilderte – die im Schattendorfer Kino projizierten Wochenschauen gegen Ende des Krieges kaum mehr propagandistische Wirkung entfalten konnten. Man war sich schlicht über den Ernst der politischen Lage bewusst geworden und identifizierte die Filme im Kinosaal nur mehr als trügerische Inszenierung.[307]

## 12.3 Der Südostwall: Schanz- und Zwangsarbeiten

Ein hoffnungsvolles, aber – wie sich später herausstellen wird – vergebliches Mittel zur Wahrung der ‚Volksgemeinschaft' sollte nicht nur der RAD, sondern auch die Errichtung der „Reichsschutzstellung" sein. Als weitere Maßnahme für den totalen Kriegseinsatz[308] gedacht, sollte diese Befestigungsanlage, welche sich auch über den Schattendorfer Hotter erstreckte, die aus dem Osten heranrückenden Rotarmisten letztendlich noch aufhalten.[309] Durch den „Führerbefehl", erlassen am 1. September 1944, erfolgte der Start eines geheimen, aber monumentalen Bauprojektes mit dem Ziel, die deutsche Reichsgrenze mit Verteidigungsposten auszubauen. Dieser „Ostwall" sollte nach Hitlers Vorstellungen zu einem wichtigen Bestandteil der „Festung Europas" werden. Eine essenzielle Entscheidung musste dabei getroffen werden, denn das eben erwähnte Mittel zum Zweck, der „totale Kriegseinsatz", hatte die „eigenen" menschlichen Ressourcen erschöpft.

---

306 Manfried *Rauchensteiner*, Der Krieg in Österreich ´45 (Wien 1995) 22.
307 Interview Ida Grafl.
308 Vgl. *Weiß*, Bruck an der Leitha anno ´45, 19–22.
309 Vgl. *Bauer*, Vom Beginn der Aufbauarbeit bis zum Ende des Zweiten Weltkrieges, 96.

Neben kaum vorhandenen Facharbeitern waren Mitglieder der HJ, vor allem aber jüdische Zwangsarbeiter aus Ungarn für die Konstruktion der Verteidigungslinie vorgesehen.[310] Dieses merkbar zu spät einsetzende Bauvorhaben hatte zur Folge, dass auch Burgenländer zu den Wallarbeiten herangezogen werden mussten.[311] Das „Schaunzn geih" wurde zum täglichen Brot der Schattendorfer in der Endphase des Krieges.

Gauleiter und Reichsverteidigungskommissar von Niederdonau Dr. Hugo Jury rief im Oktober 1944 über die *Grenzmark-Zeitung* alle 16- bis 65-jährigen „Volksgenossen" und „Volksgenossinnen" auf,[312] „zum Wohle und Schutze des Reiches und des deutschen Volkes an die Arbeit zu gehen [...]".[313] Als Konsequenz verwandelten sich die burgenländischen Grenzortschaften in militärisches Areal, auf welchem die zivilen Bedürfnisse den Kriegstaktiken weichen mussten.[314] Am 10. Dezember 1944 verkündete der Ortstrommler von Schattendorf, dass die Schanzarbeiten nun beginnen würden. Ein Familienmitglied konnte immer von den Wallarbeiten zu Hause bleiben. Man traf sich um 8 Uhr früh vor dem Gasthaus Tscharmann und schanzte dann im Winter bis 3 Uhr nachmittags, im Frühjahr bis 4 Uhr. Die Männer besorgten in den Wäldern Holz für die zu errichtenden Panzersperren.[315] Schattendorf gehörte dem Bauabschnitt Niederdonau Mitte (Eisenstadt) an. Ende 1944 erfolgte die Zusammenlegung dieses Sektors mit dem Abschnitt Ödenburg; über beide Bereiche verfügte Edmund Brauner, Kreisleiter von Eisenstadt.[316]

---

310 Vgl. Manfred *Rauchensteiner*, Vom Limes zum „Ostwall" (Militärhistorische Schriftenreihe, H. 21, Wien ³1985) 26–27; siehe dazu auch Leopold *Banny*, Der „Südostwall" im Bereich des Burgenlandes 1944/45. In: Stefan *Karner* (Hg.), Das Burgenland im Jahr 1945 (Beiträge zur Landes-Sonderausstellung 1985, Eisenstadt 1985) 111–118.
311 Vgl. *Krenn*, Der „Umbruch", 79.
312 Vgl. *Krenn*, Der „Umbruch", 93.
313 Zit. in: *Krenn*, Der „Umbruch", 93.
314 Vgl. ebenda, 115.
315 Vgl. Interview Theresia Bierbaum. In: *Bauer*, Die Russenzeit in Schattendorf, 21.
316 Vgl. Eleonore *Lappin-Eppel*, Ungarisch-Jüdische Zwangsarbeiter und Zwangsarbeiterinnen in Österreich 1944/45. Arbeitseinsatz – Todesmärsche – Folgen (Austria: Forschung und Wissenschaft Geschichte 3, Wien 2010) 261.

Frau Grafl erinnerte sich klar an ihre Grabungsarbeiten. Niemand hätte sich getraut, diese abzulehnen. Ferner erzählte sie, dass die Frauen Kopf und Kragen riskierten, indem sie den jüdischen Zwangsarbeitern Lebensmittel zusteckten.[317] Frau Grasl wiederum hatte die Schanzarbeiten weit unbeschwerter in Erinnerung:

> „Beim Wuggatrangl (Anm.: Michael Tranker), da haben wir müssen [...] schanzen rüber da, nicht. Weil Schuhe haben wir ja keine gehabt damals, nicht. Jetzt hat er gesagt: ‚Geht nach Hause [...] und zieht euch halt von euren Vätern die Schuhe an.‘ Jetzt haben wir alle geschrien: ‚Die Väter haben selber nur ein Paar‘ (lacht)."[318]

Laut der Historikerin Eleonore Lappin-Eppel befanden sich ab Dezember 1944 ungefähr 1.100 bis 1.200 ungarische Juden und Jüdinnen im Internierungslager Schattendorf, welche von Mitgliedern der SA sowie der Organisation Todt (OT) beaufsichtigt wurden. Der aus dem niederösterreichischen Melk stammende Oberamtmann Nader kommandierte und leitete die Zwangsarbeit, welche schwer zu verrichtende Tätigkeiten, wie das Ausheben von Panzergräben, das Bauen von Zufahrtsstraßen sowie das Be- und Entladen von Eisenbahnwaggons und LKWs, beinhaltete.[319] Bereits vorhandene Erfahrungsberichte[320] von in Schattendorf „stationierten" ungarischen Juden geben Aufschluss, dass ihnen ihre Arbeits- und Lebensbedingungen *mehrheitlich* tragbar erschienen, auch wenn sie schikaniert und misshandelt wurden und die Zustände in den jeweiligen Unterkünften katastrophal waren. Letzteres führte schließlich dazu, dass Hunderte starben. Der Pfarrhof,[321] die Schattendorfer Volksschule, das Gasthaus Tscharmann auf

---

317 Interview Ida Grafl; dies stimmt auch teilweise mit der Forschung überein: „[...] dass die meist älteren Wachen zuließen, dass die Schattendorfer Bevölkerung ihnen Essen zusteckte [...]."
   *Lappin-Eppel*, Ungarisch-Jüdische Zwangsarbeiter, 274.
318 Interview Martha Grasl.
319 Vgl. *Lappin-Eppel*, Ungarisch-Jüdische Zwangsarbeiter, 272.
320 Vgl. Aussagen des Avraham Mayer, Henrik Eisler, Ignác Gelbmann, Dávid Majerovits, Abraham Ackermann und Tibor Gerstl. In: *Lappin-Eppel*, Ungarisch-Jüdische Zwangsarbeiter, 272–274.
321 „Der Krieg [...] bzw. die vorhergehenden Monate brachten für den Pfarrhof [...] viele Unannehmlichkeiten. So wurden die Arbeiter für den Ostwall einquartiert."
   *PfS*, Chronik, 167.

der Hauptstraße 154 und das Gasthaus Bierbaum in der Fabriksgasse 35
dienten als Unterkünfte für die jüdischen Leidtragenden. Nichtsdestoweniger blickten viele Arbeiter aufgrund von fehlenden Hygienevorschriften,
Hungerleiden und Kälte dem Tod ins Auge.[322] In der Hauptstraße wurden
die jüdischen Zwangsarbeiter entlaust. Der Gestank im Dorf war dabei
unumgänglich.[323]

Nach dem Krieg setzten Gerichtsprozesse über die Bauarbeiten am
„Südostwall" ein. Der Eisenstädter Adalbert Riedl hatte am Stellungsbau
gearbeitet und berichtete in einer Zeugenaussage 1949[324] über den Unterab-
schnittsführer Martin Spörk (Siegendorf – Loipersbach – Rohrbach), dass in
Schattendorf von den 1.200 Juden und Jüdinnen „nur 26 normal starben,
hauptsächtlich [sic!] an Schwäche und zufolge aus Ungarn mitgebrachter
Krankheiten [...]."[325] Die jüdischen Arbeitskräfte hätten sich außerdem
über ihre Behandlung nicht beklagt und „bekamen [...] bald zu verstehen,
dass sie nicht unter ‚Deutsche‘, sondern unter Oesterreicher sind."[326] Laut
Riedl sei Spörk ein „überzeugter Nazi, jedoch kein schlechter Mensch"[327]
gewesen. Inwiefern sich fanatischer Nazismus mit Gutwilligkeit vereinba-
ren lässt, sei hier dahingestellt. Dennoch ist in Riedls Zeugenaussage eine
persönliche Distanz der Österreicher zu den „Altdeutschen" während der
Schanzarbeiten erkennbar. Dem Anschein nach wollte man also mit Hitler-
deutschland nichts mehr zu tun haben. Waren möglicherweise moralische
Zweifel an der ‚Volksgemeinschaft‘ entstanden, weil man das Leid der jüdischen Zwangsarbeiter nicht mehr mitansehen konnte? Oder benutzte Riedl
diese Aussage nur als Vorwand, um nicht mit den Nationalsozialisten in
eine Schublade gesteckt zu werden?

Im Wiener Landesgericht für Strafsachen fand am 21. Juni 1950 eine
weitere Zeugenaussage von dem schon vorgestellten Schattendorfer Arzt
Dr. Adalbert Jeszenkowitsch statt. Vom November 1944 bis zum Einmarsch

---

322 Vgl. *Lappin-Eppel*, Ungarisch-Jüdische Zwangsarbeiter, 274.
323 Interview Maria Trimmel.
324 *AMCS*, Ordner 1942–1950, Bundespolizeikommissariat Eisenstadt, 135/Kr/
    46: Abschrift (29. 4. 1949) 1–6.
325 ebenda, 1.
326 ebenda, 2.
327 ebenda.

der Sowjets war es sein Dienstauftrag gewesen, im mittleren Abschnitt des Ostwalls in- und ausländische Arbeitskräfte medizinisch zu versorgen. Er war jedoch während der Befragung nicht fähig, genaue Datumsangaben seiner Diensteinsätze sowie die Namen von Abschnittsführern zu nennen. An Erschießungen während der Arbeiten konnte er sich ebenfalls nicht erinnern. Doch seien viele ungarische Juden und Jüdinnen an Flecktyphus gestorben.[328] Später wird sich herausstellen, dass Herrn Jeszenkowitsch doch eine Erschießungsaktion bekannt war. Des Weiteren meinte er im Gerichtssaal:

> „Die Juden erzählten mir, dass es ihnen in Ungarn viel schlechter ergangen sei und dass sie sich bei uns besser aufgehoben fühlten.
> [...] [Am Gründonnerstag] wurden die marschfähigen Juden weggebracht und sollen jene Juden [sic!] die nicht den Marsch ausgehalten haben, während des Marsches von der Begleitmannschaft erschossen worden sein."[329]

Nach dem Abmarsch nach Westen,[330] welcher sich zu einem Todesmarsch für die noch gehfähigen jüdischen Wallarbeiter entwickelte,[331] erblickten die Zurückgebliebenen, wie zum Beispiel der von Celldömölk nach Schattendorf „verlegte" Tibor Gerstl, herankommende SS-Einheiten. Aus Furcht getötet zu werden, riskierten sie ihre Leben, indem sie zu den schon in Sichtweite befindlichen sowjetischen Soldaten überliefen. Die exakte Anzahl der während der Schanzarbeiten Ermordeten und an Krankheiten oder Erschöpfung Gestorbenen ist heute nicht mehr herauszufinden. In der Hauptstraße 88 wurden in den 1950er-Jahren drei ungarische Leichen gefunden, zwei Tote entdeckte man nach Kriegsende beim örtlichen Tauscherbach. Die Literatur spricht von weiteren, aber nicht genau zuordenbaren Einzel- und Massengräbern. Der Verein Schalom ortete in den 1990er-Jahren weitere Grabstätten. Heute erinnert ein kleiner jüdischer Friedhof in Schattendorf an diese letzten Monate des Grauens.[332]

---

328  AMCS, Ordner 1942–1950, Gendarmerie Erhebungsexpositur beim Landesgericht für Strafsachen in Wien, E. 293/50: Niederschrift (21. 6. 1950).
329  ebenda.
330  Vgl. *Kurz*, Juden in Schattendorf, 449; siehe hier auch die Schicksale der beiden Juden Josef Weisshaus und Emil Rosenberg.
331  Vgl. *Lappin-Eppel*, Ungarisch-Jüdische Zwangsarbeiter, 386–395.
332  Vgl. ebenda, 274–276.

# 13. Kriegsende 1945, Nachkriegsalltag und Wiederaufbau

## 13.1 Ankunft und Durchmarsch der Rotarmisten

Obwohl im März 1945 der „Ostwall" teilweise fertiggestellt werden konnte, blieben die meisten Kampfabschnitte innerhalb des Stellungssystems militärisch unbesetzt. Vereinzelte Wehrmachtsverbände der Heeresgruppe Süd hatten kaum die Möglichkeit, zeitgerecht in den so mühevoll erbauten Verteidigungsposten Stellung zu beziehen.[333] Die dafür notwendigen und „mit so viel Drangsalen"[334] verbundenen Bauarbeiten waren vergebens gewesen. Hitlers östlichster Teil der „Festung Europas", welcher die ‚Volksgemeinschaft' vor dem Untergang bewahren hätte sollen, hatte seine Funktion zur Verteidigung vor dem „Fremden" nicht wirklich ausgeübt.

Während in Schattendorf am Gründonnerstag, dem 29. März 1945, noch die letzten Juden in den Todesmarsch geschickt wurden,[335] betrat am selben Tag um 11.05 Uhr der erste Rotarmist bei Klostermarienberg, Bezirk Oberpullendorf, österreichische Erde. Die „Reichsschutzstellung" war für die Rote Armee auch im Norden des Geschriebensteins zu keinem Hindernis geworden. Tage zuvor hatte man in den Nächten *noch* weit entferntes Artilleriefeuer hören sowie Feuerschein und –blitze erblicken können. Traumatisierte Flüchtlingsmassen, in welche sich zurückziehende deutsche Soldaten absichtlich „verirrt" hatten, bewegten sich westwärts.[336] Noch am 26. März hatten Truppen der Deutschen Wehrmacht Schattendorf durchquert und die Bevölkerung aufgefordert, zu fliehen. Ein Einschüchterungsversuch, der aber deutlich misslang, denn niemand sah sich bereit, die Heimat zu verlassen.[337] Diese Kriegsumstände zeigten nur allzu gut, dass die Frontlinie Schattendorf erreicht hatte. Anspannung, Furcht, aber vielleicht auch etwas Hoffnung lagen bis zum endgültigen Einmarsch der Sowjets in der Gemeinde in der Luft.

---

333 Vgl. *Rauchensteiner*, Vom Limes zum „Ostwall", 30.
334 *Weisgram*, Von der toten Grenze in die Mitte Europas, 100.
335 Siehe dazu Kapitel 12.3.
336 Vgl. Manfried *Rauchensteiner*, Das militärische Kriegsende im Burgenland. In: Stefan *Karner* (Hg.), Das Burgenland im Jahr 1945 (Beiträge zur Landes-Sonderausstellung 1985, Eisenstadt 1985) 97–110, hier 104–105.
337 Vgl. *Bauer*, Die Russenzeit in Schattendorf, 22.

Eine von Hitlers letzten Maßnahmen zur „[g]renzenlose[n] Mobilisierung für den Krieg"[338] war der Volkssturm. Schon seit März 1944 fungierte dieser in Schattendorf. Es handelte sich dabei um alle 16- bis 60-jährigen männlichen Dorfbewohner, die nicht Wehrmachtsangehörige waren, aber den deutschen Soldaten bei der Umsetzung von Verteidigungsmaßnahmen in den jeweiligen Ortschaften zur Hilfe kommen sollten. Ihr Kommandant war Michael Grafl, dessen Gasthaus auf der Hauptstraße man als Zusammenkunft der Volkssturmpflichtigen nutzte. Vor dem Einmarsch der Rotarmisten in Schattendorf hatte sein Stellvertreter Paul Moser die Führung übernommen und dürfte höchstwahrscheinlich die aussichtslose Lage des Krieges und des Weiterkämpfens erkannt haben. Er ersparte daher seiner Volkssturmgruppe einen Aufmarsch gegen die Sowjets und hatte so sicherlich einigen männlichen Schattendorfern das Leben gerettet.[339] Diese Verweigerung des Kampfes bedeutete augenscheinlich den Verlust des Vertrauens in die Hitlersche ‚Volksgemeinschaft'.

Widerstandlos durchquerten Einheiten der 2. Ukrainischen Front am Ostersonntag, dem 1. April 1945 um circa 11 Uhr, das Dorf. Ihre Route verlief vom örtlichen Friedhof, unmittelbar an der ungarischen Grenze beim sogenannten Boczikreuz, über die Fabriksgasse in Richtung Baumgarten.[340] Auf der Hauptstraße waren zuvor noch halbfertige[341] Panzersperren errichtet worden.[342] Dennoch blieb Schattendorf von den Kämpfen zu Kriegsende gänzlich verschont. Die damals 13-jährige Frau Trimmel erinnerte sich noch genau an den Abzug der Deutschen, unmittelbar gefolgt von der Ankunft der Rotarmisten:

„Weil da sind dann oft schon [alliierte] Tieffflieger[343] auch [gewesen]. [...] [Deutsche] Soldaten hat man hie und da noch gesehen [...] Zu manchen [Leuten] sind

---

338 Andreas *Kunz*, Wehrmacht und Niederlage. Die bewaffnete Macht in der Endphase der nationalsozialistischen Herrschaft 1944 bis 1945 (Beiträge zur Militärgeschichte 64, München ²2007) 129.

339 Vgl. *Bauer*, Die Russenzeit in Schattendorf, 21.

340 Vgl. ebenda, 22.

341 Interview Ida Grafl.

342 Vgl. *Weisgram*, Von der toten Grenze in die Mitte Europas, 100.

343 Am 18. Februar 1945 landete eine Bombe bei Robert Pinter, wohnhaft in der Neugasse. Exakt einen Monat später starb Magdalena Müllner aufgrund von Flaksplittern. Vgl. *Bauer*, Die Russenzeit in Schattendorf, 22.

sie dann noch ins Haus hinein (unv.) und die haben ihnen Kleidung gegeben. […]
[Die sowjetischen Truppen] sind schon raufgekommen […] Wir sind im Keller
hinten gewesen […] und auf einmal hast du gehört, jetzt haben die Kinder hinten in der Bachgstecktn (Anm.: Fabriksgasse) schon geschrien. Jetzt sind überall
Leute gewesen."[344]

Sehr enthusiastisch erzählte sie weiter:

„Und da sind sie gefahren mit den Panzern (unv.) und die [Sowjets haben die
Kinder] recht gerngehabt, und wir haben weiße Sachen nehmen müssen und alle
weiße Tücher und Leintücher (unv.) und gewinkt haben wir damit, und die sind
freundlich gewesen. Brot haben sie runter geworfen, die haben so viel ausgeteilt
[…] und wir haben uns gefreut."[345]

Frau Trimmels Aussagen über die anfängliche Euphorie und Freude im
Dorf sind inhaltlich beinahe deckungsgleich mit bereits vorhandenen Zeitzeugenberichten, die vor mehr als zehn Jahren erstellt wurden.[346] Das Auf-
atmen war jedoch nicht lange von Dauer, denn unmittelbar nach ihrer
Ankunft im Dorf überlegte man schon, wo man sich vor den neuen Uni-
formierten verstecken könnte.[347] Auch Frau Grafl war als junges Mädchen
sehr neugierig gewesen und begab sich auf die Fabriksgasse. Sie meinte, zu
Beginn habe man die Russen sehr gelobt, gegen Ende des Tages aber wieder
verflucht.[348] Diese Angst war insbesondere auf die nationalsozialistisch-
antibolschewistische Propaganda[349] zurückzuführen, welche das Rauben
und Morden, vor allem aber das Vergewaltigen von Frauen „zum ‚Gene-
ralverhalten' der Roten Armee"[350] erklärt hatte. Das Gefühl der Befreiung

---

344 Interview Maria Trimmel.
345 ebenda.
346 Vgl. Interview mit Erna Pinter. In: *Weisgram*, Von der toten Grenze in die Mitte
    Europas, 100.
    Vgl. Interview mit Maria Hausmann, Theresia Bierbaum und Josef Bernhardt.
    In: *Bauer*, Die Russenzeit in Schattendorf, 22–24.
347 Interview Maria Trimmel.
348 Interview Ida Grafl.
349 Siehe dazu bspw. Hans-Erich *Volkmann* (Hg.), Das Rußlandbild im Dritten
    Reich (Köln/Weimar/Wien ²1994).
350 Oliver *Rathkolb*, Besatzungspolitik und Besatzungserleben in Ostösterreich
    vom April bis August 1945. In: Manfried *Rauchensteiner*, Wolfgang *Etsch-
    mann* (Hg.), Österreich 1945. Ein Ende und viele Anfänge (Forschungen zur
    Militärgeschichte 4, Graz/Wien 1997) 185–206, hier 198–199.

begann sich also allmählich wieder aufzulösen, indem die anfängliche Erleichterung immer mehr eine ängstliche Gestalt annahm. Der NSDAP-Ortsgruppenleiter Johann Tranker war mit seiner Familie geflohen. Im Nachbarort Loipersbach hatte sich der Ortsgruppenleiter Paul Wallner gemeinsam mit seiner Familie kurz nach Eintreffen der Sowjets das Leben genommen. Der dortige Ortsbauernführer Johann Amring wurde hingegen von einem Sowjet erschossen.[351] In Loipersbach war man wohl der nationalsozialistischen Gesinnung sowie dem Glauben an die immerwährende ‚Volksgemeinschaft‘ weit optimistischer gegenübergetreten, hatte doch das Ende des Dritten Reiches auch den Selbstmord der NSDAP-Funktionsträger bedeutet, zumindest im Falle Wallner. So spricht Walter Rossmann[352] überhaupt von einer Eroberung Loipersbachs durch die Rotarmisten. Begleitet von dem Satz „Besser tot als den Russen in die Hände fallen", hätten sich Wallner und seine Familie selbst gerichtet.

### 13.2  Erste Gemeindeverwaltung und politische Aktivität

Mit der Ausrufung der provisorischen österreichischen Staatsregierung unter Karl Renner am 27. April 1945, deren „Kompetenzen letztlich auf Wien, Teile Niederösterreichs [...] und das Burgenland begrenzt"[353] waren, sollte nun offiziell der Wiederaufbau der Zweiten Republik eingeleitet werden. Der Zweite Weltkrieg in Europa war damit jedoch noch nicht vorüber; gut eine Woche später, am 8. Mai, erfolgte die bedingungslose Kapitulation Deutschlands. Mit ihr endete auch die so frenetisch ersehnte ‚Volksgemeinschaft‘ mit der Ikone Adolf Hitler. Die NSDAP und ihr gesamtes Organisationsnetzwerk wurden verboten. Ab dem 1. Mai 1945 unterlag das Land wieder der Verfassung vom 1. Oktober 1920.[354] Der im März

---

351  *AMCS*, Situationsberichte des Gendarmeriepostenkommandos Schattendorf, E. 21 (14. 7. 1945).

352  Vgl. Walter *Rossmann*, Befreit? – Wovon? In: Aus der Pforte. Geschichte – Brauchtum – Kultur 2 (2005) 17–20, hier 19.

353  *Rathkolb*, Besatzungspolitik und Besatzungserleben in Ostösterreich vom April bis August 1945, 196.

354  Vgl. Leonhard *Prickler*, Zeittafel Burgenland 1945–1955. In: *Amt der Burgenländischen Landesregierung, Abteilung 7 – Landesmuseum* (Hg.), Russenzeit. Befreiung 1945 – Freiheit 1955 (Wissenschaftliche Arbeiten aus dem Burgenland 113, Eisenstadt 2005) 111–119, hier 111.

1938 in Österreich so euphorisch bejubelte Führer hatte sich eine Woche zuvor, am 30. April 1945, das Leben genommen. Sein Ende bedeutete auch die Einstellung der meisten militärischen Aktionen der Wehrmacht.[355] Die Wiedergeburt des Burgenlandes als selbständiges Bundesland sollte erst am 1. Oktober 1945 eintreten.[356]

Unmittelbar nach dem Einmarsch der Rotarmisten in die burgenländischen Ortschaften stellte die Wiedereinrichtung des öffentlichen Verwaltungswesens eine der größten Schwierigkeiten dar: Sachkundige sowie Kanzleikräfte waren durch die Kriegsereignisse Mangelware geworden. Ferner fehlte es an Büromaterial und funktionierenden Einrichtungsgegenständen.[357] Zuvor aber mussten überhaupt erst politisch verlässliche Ortsvorsteher in den Gemeinden gefunden und dann eingesetzt werden. Im April erhielt in Schattendorf Michael Pinter (SPÖ),[358] welcher zuvor seinen Dienst als Wachmann im Neudörfler Kriegsgefangenenlager abgeleistet hatte, dieses Amt (1945–1952, † 1954). Am 8. September 1945 erfolgte schließlich die erste Zusammenkunft des provisorischen Gemeindeausschusses, bestehend aus sieben SPÖ-, fünf ÖVP- und 3 KPÖ-Mitgliedern.[359] An einem Sonntag, dem 22. Juli, fand auf der Hauptstraße 117 „eine öffentliche Volksversammlung von der sozialistischen Partei Österreichs statt", auf welcher Dr. Hoffenreich aus Bad Sauerbrunn eine Ansprache hielt.[360] Eine Woche vor den ersten Nationalratswahlen der Zweiten Republik (25. November 1945) ereignete sich im Gasthaus Reichl eine „Wählerversammlung" der Sozialdemokraten. Staatssekretär Johann Böhm hielt im Wirtshaus eine Rede über den politischen Stellenwert des bevorstehenden Urnengangs sowie über die „Gestaltung des neuen Österreichs". Die Ortsbevölkerung war einen Tag zuvor gebeten worden, „sich an dieser Versammlung in Massen zu beteiligen."[361] Im November entschieden sich 54,7 Prozent der

355 Vgl. *Müller*, Der Zweite Weltkrieg, 150.
356 Vgl. Gerald *Schlag*, Burgenländische Politik in den Jahren 1934–1938 und 1945/46. In: Stefan *Karner* (Hg.), Das Burgenland im Jahr 1945 (Beiträge zur Landes-Sonderausstellung 1985, Eisenstadt 1985) 49–66, hier 64.
357 Vgl. *Krenn*, „Der Umbruch", 256.
358 Vgl. *Grafl*, Die politische Gemeinde, 200.
359 Vgl. *Bauer*, Die Russenzeit in Schattendorf, 27–28.
360 SGA, Korr. Akte 1945, Register H, Verlautbarung vom 21. 7. 1945.
361 SGA, Korr. Akte 1945, Register H, Verlautbarung vom 17. 11. 1945.

zur Wahl angetretenen Schattendorfer für die SPÖ, 40,0 Prozent wählten die Volkspartei, der Rest der Stimmen entfiel auf die Kommunisten.[362] Die Ergebnisse bei der burgenländischen Landtagswahl 1945 waren beinahe ident (54,65 % SPÖ, 40,03 % ÖVP, 5,3 % KPÖ).[363] Die Sozialdemokratie versuchte in Schattendorf also rasch wieder Fuß zu fassen, auch wenn die in einem folgenden Kapitel behandelte sowjetische Ortskommandantur das Geschehen in Schattendorf weiterhin kontrollieren sollte. Am Silvestertag 1945 erhielt der Schattendorfer Bürgermeister ein aufrichtiges und ermunterndes Schreiben[364] des provisorischen Bezirkshauptmannes von Mattersburg Dr. Paul Luif. Es vermittelt einen zusammenfassenden Eindruck von den beschwerlichen und beklagenswerten Nachkriegsmonaten, doch lassen sich darin auch Hoffnungsschimmer und Überzeugungen an ein neues und tüchtiges Österreich wiedererkennen:

> „Anlässlich des Jahreswechsels spreche ich Ihnen Herr Bürgermeister meinen aufrichtigen Dank für die bereits geleistete schwere und verantwortungsvolle Arbeit aus.
> [...]
> War es schon bisher eine gewaltige Aufgabe unter den schwierigen Verhältnissen [sic!] das Amt eines Bürgermeisters zu führen, so werden die kommenden Monate an Ihre Arbeitskraft und [...] Einsatzbereitschaft noch weitere Anforderungen stellen. [...] Mit Opferbereitschaft und gutem Willen werden wir in gemeinsamer Arbeit auch die kommenden Zeiten bestehen. Von Ihrer Tatkraft und Ihrer Arbeit wird es in erster Linie abhängen, dass wir die Zeit der Not und der Sorge überwinden und unserer Heimat den Weg für einen Wiederaufstieg ebnen.
> Ich bitte Sie, auch allen Mitgliedern des Gemeindeausschusses, den Beamten und allen Personen, die in dieser schweren Zeit an der Gesundung und den [sic!] Aufbau unseres Heimatlandes mitarbeiten, meinen Dank und meine Glückwünsche auszusprechen."[365]

---

362  Vgl. Nationalratswahlen von 1945 bis 1999. In: *Marktgemeinde Schattendorf* (Hg.), Schattendorf. Seine Geschichte und seine Menschen (Schattendorf 2003) 214.

363  Vgl. *Krenn*, Der „Umbruch", 259.

364  *SGA*, Akte 1945, nicht nummeriert: Schreiben des prov. Bezirkshauptmannes Dr. Luif an Bürgermeister Pinter (31. 12. 1945).

365  ebenda.

## 13.3 Arbeitseinsatz, ziviler Polizeidienst und Flüchtlingswesen

Nicht nur die Verwaltungsarbeiten des Bürgermeisters stellten sich als mühevoll heraus, denn auch die Ortsbevölkerung hatte für die Wiederrichtung Österreichs einen wertvollen Beitrag zu leisten. Körperlich sollte dies in erster Linie durch den Arbeitseinsatz geschehen. Neben Säuberungsarbeiten auf den Straßen, welche abends „gründlich"[366] durchgeführt werden mussten, hieß es in der Verlautbarung weiter:

> „[...] die Bevölkerung [wird] aufmerksam gemacht, dass von jedem Haushalt eine Person zum Arbeitseinsazt [sic!] zu erscheinen hat. Wer der Aufforderung nicht Folge leistet [sic!] wird der Geheimen-Staatspolizei übergeben.
> [...] Sammelplatz beim Tscharmann um 7 Uhr."[367]

Aufsicht darüber hatte „in jedem Sprengel ein Polizeimann" der sowjetischen Ortskommandantur. Vernachlässigenden Dorfbewohnern wurde mit einer Festnahme gedroht oder es sollten ihnen als Konsequenz die Fleisch- und Mehlkarten entzogen werden.[368] Die genauen Aufgaben und Tätigkeiten, die der Arbeitsdienst mit sich brachte, werden aber nicht genannt. Es dürfte sich dabei mehrheitlich um Aufräumarbeiten[369] gehandelt haben. Ferner wurde ein ziviler „Polizeidienst für die Gemeinde Schattendorf" eingerichtet, welcher *offiziell* vom örtlichen Militärkommando erst im Mai angeordnet wurde:

> „Der Polizeidienst wird von 10 Männer[n] versehen. Davon sind 8 Männer im Dienste und pro Tag [sic!] je nach Zulässigkeit, 2 Männer dienstfrei. [...] Ihre Aufgabe ist, fremde Zivilpersonen und auch solche Soldaten mit oder ohne Fahrzeug bei der Einfahrt aufzuhalten und zum Ortskommandanten oder zum Bürgermeisteramt zu weisen, wo eine Kontrolle ihres Aufenthaltes vorgenommen wird. [...] Hauptzweck ist [sic!] Plünderungen usw. zu vernichten und bedenkliche Personen der militärischen Kontrolle zuzuführen. Dienstbeginn ist um 5 Uhr 30 [...] und endet pünktlich um 20 Uhr 15. [...]"[370]

366 *SGA*, Korr. Akte 1945, Register H, Verlautbarung vom 23. 5. 1945.
367 ebenda.
368 *SGA*, Korr. Akte 1945, Register H, Verlautbarung vom 25. 5. 1945.
369 Vgl. *Ivansich*, Eisenstadt 1945, 43–44.
370 *SGA*, Korr. Akte 1945, Register H, Polizeidienst für die Gemeinde Schattendorf (7. 5. 1945).

All die Gassen und Straßen wurden auf drei Streifendienste sowie auf einen
Kontroll- und Sonderstreifen aufgeteilt. Für letzteren waren die Polizeimän-
ner Weilguni und Siess verantwortlich.[371] Nacht- und Bereitschaftsdienste
mussten ebenfalls durchgeführt werden. Während der Bereitschaft durften
die Männer ihre Wohnhäuser nicht verlassen.[372] Dass man den Sicherheits-
dienst jedoch nicht allzu ernst nahm, geht aus einer Nachtdienstmeldung[373]
des örtlichen Gendarmeriepostenkommandos hervor. Darin heißt es, dass
Polizeimann Bauer „aus der Wohnküche des Jakob Trimmel geholt werden"
musste und „nicht vorschriftsmässig Strassendienst versah."[374] Bereits am
23. April 1945 wurde von den Dienstführenden ein Vorfall zweier Soldaten
aus dem ungarischen Agendorf dokumentiert, die sehr bemüht gewesen
waren, ein Schwein von dem Landwirten Gissenwehrer auf der Bahnstraße
zu stehlen.[375]

Hinsichtlich einer Präsenz von deutschsprachigen Flüchtlingen im Dorf
verlief das Jahr 1945 relativ unscheinbar. Zu Jahresende meldete Bürgermeister Pinter dem Pressereferat der burgenländischen Landeshauptmann-
schaft,[376] dass sich keine im Ort aufhielten. Erst ab 1946 kam es zunehmend
zur Sichtung und zu Aufgriffen von vorwiegend ungarischen, jüdischen und
volksdeutschen Flüchtenden.[377]

### 13.4 Einquartierungen und sowjetische Ortskommandantur

War der ungefähre Zeitpunkt der beginnenden Einquartierungen von sowjetischen Truppen in Schattendorf bis dato nicht bekannt,[378] so ergab sich
aufgrund weiterer Recherchen, dass die Ortsbevölkerung in der letzten
Aprilwoche von der Unterkunftsbeziehung der Soldaten in Kenntnis gesetzt
wurde. In einer Kundmachung vom 26. April hieß es:

371 ebenda.
372 *SGA*, Korr. Akte 1945, Register H, Dienstplan für 20. 5. bis 1. 6. 1945.
373 *SGA*, Korr. Akte 1945, Register H, Nachtdienstmeldung (21. 11. 1945).
374 ebenda.
375 *SGA*, Korr. Akte 1945, Register H, Dienstnachweis für den 24. 4. 1945
    (23. 4. 1945).
376 *SGA*, Akte 1945, Nr. 256: Flüchtlingswesen im Burgenland (27. 12. 1945).
377 Vgl. *Bauer*, Die Russenzeit in Schattendorf, 30–31.
378 Vgl. ebenda, 26.

„Die Bevölkerung wird daruf [sic!] aufmerksam gemacht, dass sie bei der Einqua-
tierung [sic!] in den nächsten Tagen der Gemeindebehörde und dem russischen
Militär keine Schwierigkeiten macht. Es sind den Anordnungen der russischen
Kommandantur unbedingt Folge zu leisten."[379]

Offiziere wurden in Privathäusern untergebracht[380] – dies geht auch aus
den aktuellen Zeitzeugeninterviews hervor. Johann Pinters Eltern bekamen
demzufolge nur einen Wohnraum zur Verfügung, in den restlichen Zimmern
sowie in einem anderen Haus von ihnen wurden Soldaten einquartiert.
Mit den Offizieren hätte er kein Wort gewechselt, dafür aber mit dem Diener, der der deutschen Sprache einigermaßen mächtig war.[381] Aus einem
Gemeindedokument geht weiter hervor, dass Josef Grafl, wohnhaft in der
Fabriksgasse 35, aufgefordert wurde, im August seine Wohnung aufgrund
einer bevorstehenden Einquartierung zu räumen. Er zog „freiwillig" in eine
Notunterkunft, das vormalige und sanierungsbedürftige Gemeindegasthaus
in der Baumgartnerstraße 2.[382] Ferner war es nicht erlaubt – auf Anordnung
des sowjetischen Landeskommandos für das Burgenland –, ohne Kenntnis
des Ortskommandos sowjetischen Soldaten nachts in Privathäusern einen
Schlafplatz zu gewähren.[383]

Hatten sich in der letzten Septemberwoche 1945 in Schattendorf und Loipersbach noch insgesamt 800 Sowjets in Quartieren befunden,[384] sank die
Anzahl ungefähr einen Monat später auf circa 40 Soldaten in Schattendorf.
Der Rest war zuvor nach Budapest abkommandiert worden.[385] Die allerletz-
ten Rotarmisten verließen die Grenzgemeinde ein gutes Jahr später, nämlich
am 27. April 1946, nachdem sich zuvor im November die Anzahl an Soldaten noch einmal auf 350 bis 400 erhöht hatte. Dies waren Sowjets, die
aus Linz und St. Pölten gekommen waren und in Schattendorf womöglich
einen Zwischenhalt eingelegt hatten.[386] Für die Ortskommandantur wurde

---

379 SGA, Korr. Akte 1945, Register H, Kundmachung vom 26. 4. 1945.
380 Vgl. *Bauer*, Die Russenzeit in Schattendorf, 27.
381 Interview Johann Pinter.
382 SGA, Korr. Akte 1945, Register H, Niederschrift (23. 8. 1945).
383 SGA, Korr. Akte 1945, Register H, Verlautbarung vom 24. November 1945.
384 AMCS, Situationsberichte des Gendarmeriepostenkommandos Schattendorf,
    E. 166 (23. 9. 1945–29. 9. 1945).
385 AMCS, Situationsberichte des Gendarmeriepostenkommandos Schattendorf,
    E. 473 (4. 11. 1945–10. 11. 1945).
386 Vgl. *Bauer*, Die Russenzeit in Schattendorf, 30.

das alte Gemeindeamt in der Brückengasse, für das Wachzimmer das Schattendorfer Postamt herangezogen. Telefonate waren im Dorf keine möglich, lediglich Briefe konnten abgeschickt werden. Die Kommandantur hatte die wesentliche Aufgabe, Ordnung in der Gemeinde zu gewährleisten, wodurch Ausschreitungen, Raub und Vergewaltigungen vermieden werden sollten.[387] Interessant erscheint eine Verlautbarung vom 26. November 1945, die dieses Unterkapitel schließen soll. Darin wurde an die ortsansässigen Winzer das Verbot ausgesprochen, „ohne Zustimmung oder schriftlicher [sic!] Bescheinigung der Ortskommandantur oder des Bürgermeisteramtes" Wein an Rotarmisten zu verkaufen.[388] Die obersten Instanzen in Schattendorf beabsichtigten schlichtweg, den Alkoholkonsum der sowjetischen Soldaten vorzubeugen. Dass Konflikte zwischen betrunkenen Soldaten und der Ortsbevölkerung schneller eskalieren konnten, muss nicht näher erläutert werden.

## 13.5 Versorgungslage und Gesundheit

Nach Kriegsende war die Wirtschaft in Ostösterreich völlig verkümmert. Inflation und Geldknappheit gestalteten das Leben der Bevölkerung sorgenreicher.[389] Hinsichtlich der burgenländischen Landwirtschaft waren die Ernteerträge in den letzten Kriegsjahren 1943 und 1944, angesichts der Plünderungen deutscher Soldaten und der Schanzarbeiten auf den Äckern, vernichtet worden. Die Bevölkerung musste sich mit nur 800 Kilokalorien täglich zufriedengeben. Neue Lebensmittelkarten und Bezugsscheine wurden in den Umlauf gebracht, eine Maßnahme der Lebensmittelregulierung, die schon während des Krieges allseits bekannt gewesen war. Während das südlichere Burgenland wegen der vielen Selbstversorger bessere Lebensbedingungen vorweisen konnte, war man im Norden auf eine externe Nahrungsmittelversorgung angewiesen.[390] So wurde zum Beispiel Eisenstadt zu

---

387 Vgl. ebenda, 26.
388 *SGA*, Korr. Akte 1945, Register H, Verlautbarung vom 26. 11. 1945.
389 Vgl. *Rathkolb*, Besatzungspolitik und Besatzungserleben in Ostösterreich vom April bis August 1945, 201.
390 Vgl. Dieter *Szorger*, Die Ernährungslage im Burgenland 1945–1955. In: *Amt der Burgenländischen Landesregierung, Abteilung 7 – Landesmuseum* (Hg.), Russenzeit. Befreiung 1945 – Freiheit 1955 (Wissenschaftliche Arbeiten aus dem Burgenland 113, Eisenstadt 2005) 57–69, hier 57–58.

einem Notstandsgebiet erklärt.[391] Im Zuge der Lebensmittelbewirtschaftung durch die Schaffung eines Staatsamtes für Volksernährung[392] wurden in Schattendorf zahlreiche Verordnungen bezüglich der exakten Ablieferungs- und Bedarfsmengen an landwirtschaftlichen Produkten oder der Meldungen von Ackerflächen erlassen. All jene können aber aus platztechnischen Gründen nicht in ihrer Vollständigkeit behandelt werden.

So erhielten die Schattendorfer Bürger ihre Lebensmittelkarten an einem Freitag, dem 19. Oktober 1945. Den Bewohnern der Hauptstraße wurden sie Samstag früh ausgehändigt. Zum Beispiel bekamen Kinder unter drei Jahren bei vorhandener Milchkarte ein drittel Liter Milch, Kindern zwischen drei und sechs Jahren stand ein halber Liter zu. Betagte und kranke Menschen brauchten überhaupt eine ärztliche Bestätigung, um in den Genuss des weißen Getränks zu kommen. Das Handeln mit Milch zu Hause war strikt untersagt, da Milcherzeuger die gesamte Milch abliefern mussten.[393] Einer behördlichen Anweisung im Mai zufolge war es der sowjetischen Ortskommandantur erlaubt, „täglich 3 Liter Milch zu beziehen."[394] Hervorgehoben sei noch die Kartoffelausgabe, welche Anfang Dezember 1945 „im Tranker-Haus" in der Fabriksgasse stattfand. Für einen Kilogramm Kartoffeln mussten jene Schattendorfer, die den dringenden Bedarf an diesem Grundnahrungsmittel zuvor in der Gemeindekanzlei gemeldet hatten, 20 Pfennige bezahlen.[395]

Die ständigen Meldungs- und Abgabepflichten zeigen deutlich, dass zahlreiche behördliche Maßnahmen notwendig waren, um die triste Versorgungslage in der Ortschaft einigermaßen gut abzuwickeln. In Bezug auf das in Schattendorf angebaute Brotgetreide geht in einem Schreiben des Bürgermeisteramtes an die Bezirkshauptmannschaft Mattersburg hervor, dass

„im vergangenen Wirtschaftsjahr insgesamt 89,75 ha Fläche mit Brotfrucht bebaut war. [...] Der Durchschnittsertrag pro ha vom Roggen ist 1027 kg, vom Weizen 1426 kg.

Das Bürgermeisteramt begründet die verhältnismäßig kleine Anbaufläche [...] damit, daß durch die Schanzarbeiten [...] ein großer Teil der bereits bebauten

391 Vgl. *Ivansich*, Eisenstadt 1945, 50.
392 Vgl. *Szorger*, Die Ernährungslage im Burgenland 1945–1955, 61.
393 SGA, Korr. Akte 1945, Register H, Verlautbarung vom 18. 10. 1945.
394 SGA, Korr. Akte 1945, Register H, Anweisung (Durchschrift) (19. 5. 1945).
395 SGA, Korr. Akte 1945, Register H, Verlautbarung vom 3. 12. 1945.

Flächen vernichtet wurde, außerdem durch die Kriegseinwirkungen viel der Vernichtung ausgesetzt war. In den Monaten Mai und Juni waren große Pferdetransporte in der Gemeinde, [...] weil diese an die bedürftigen Landwirte in ganz N.Ö. zu verteilen waren, wodurch an der wachsenden Brotgetreidefrucht großer Schaden angerichtet wurde."[396]

Dieselben Ursachen hatten zur Folge, dass in Schattendorf auch keine Zuckerrübenernte erwartet werden konnte.[397] Das Gesamtresultat einer im August durchgeführten und von der Bezirkshauptmannschaft zuvor angeforderten Viehzählung ergab 34 Kälber (bis 8 Wochen), 122 Jungvieh, 304 Kühe, 19 Ochsen, 69 Ferkel (bis 6 Wochen), 314 Schweine (bis zu einem halben Jahr), 115 Schweine (über einem halben Jahr), 16 Fohlen, 68 Pferde sowie 790 Hühner. Die Zahlen betreffend die Kälber, das Jungvieh, die Ochsen und Kühe wurden daraufhin etwas nach unten korrigiert – die Gründe dafür sind nicht ersichtlich.[398] Wirken diese Zahlen auf den ersten Blick vielleicht vielversprechend, so war das Gegenteil der Fall, denn nachdem die Gemeinde gebeten worden war, Schlachtvieh an die Ortschaft Hirm abzugeben,[399] entgegnete Bürgermeister Pinter den Beamten in Mattersburg mit einer Absage, weil den Schattendorfern „ohnehin nur 20 kg Fleisch wöchentlich zugeteilt werden" konnten.[400] Zu Weihnachten 1945 befanden sich im Ort 1.319 Normalverbraucher, 482 Vollselbstversorger, 23 Teilselbstversorger in Milch, 449 Teilselbstversorger in Fleisch, Schlachtfett und Kartoffeln sowie 19 Teilselbstversorger in Brotgetreide.[401] Im Oktober zuvor hatte sich der Bürgermeister von Baumgarten, Thomas Presich,[402] in

---

396  SGA, Akte 1945, Nr. 72: Versorgung der Gemeinde mit Brotgetreide – Antwort an die BH Mattersburg (28. 8. 1945).
397  SGA, Akte 1945, Nr. 167: Zuckerrübenkampagne – Antwort an das Rübenbüro der Siegendorfer Zuckerfabrik (6. 11. 1945).
398  SGA, Akte 1945, Nr. 44: Viehzählung am (12. 8. 1945).
399  SGA, Akte 1945, Nr. 76: Schlachtviehabgabe (16. 8. 1945).
400  SGA, Akte 1945, Nr. 76: Abgabe von Schlachtvieh an die Gemeinde Hirm – Antwort an die BH Mattersburg (21. 8. 1945).
401  SGA, Akte 1945, Nr. 268: Ernährungslage im Burgenland – Übersicht der Gemeinde Schattendorf in ernährungswirtschaftlicher Hinsicht an das Bezirksernährungsamt (Anlage) (31. 12. 1945).
402  Vgl. Johann *Karall*, Bürgermeister und Richter von Baumgarten. In: *Gemeinde Baumgarten* (Hg.), Baumgarten/Pajngrt. Der Ort. Die Geschichte. Die Menschen/Selo. Povijest. Ljudi (Baumgarten 2017) 324–330, hier 325.

einer Nachricht entsetzt an Michael Pinter gewandt. Darin bot er ihm an, in die Bezirkshauptmannschaft nach Mattersburg mitzukommen, um dort eine Beschwerde bezüglich der Ernährungsfrage einzureichen. Für Presich war es „untragbar", dass Normalverbraucher nur sechs Kilogramm Brotgetreide erhielten, Selbstversorger jedoch zwölf Kilogramm zugesprochen bekämen.[403]

Wenn auch eine Knappheit an Lebensmitteln, vorwiegend Fleisch, vorherrschte, so ließ sich die Gemeinde Schattendorf nicht lumpen, im Sinne der Nächstenliebe zu handeln und Gemüse sowie Getreide an Bedürftige zu spenden. Sie überreichte dem Krankenhaus der Barmherzigen Brüder in Eisenstadt ein großzügiges Geschenk von 705 kg Kartoffeln, 93 kg Mehl, 152 kg Bohnen, 3 kg Grieß, 2 kg Weizen, 102 Eiern, 9 Packungen Kaffee, einer Packung Pudding sowie 75 kg Butter.[404] Am darauffolgenden Tag bedankte sich die Krankenhausverwaltung für die „reichliche Spende".[405]

Betrachtet man die Versorgungslage in den Nachkriegsmonaten gesamt, insbesondere während des schrecklichen Hungerwinters[406] 1945/46, so lässt sich feststellen, dass die Ortsbevölkerung in stetigem Kontakt mit den Ungarn stand, um Essensvorräte ein- und umzutauschen.[407] Laut Gendarmeriebericht erfuhr die generelle Ernährungssituation Ende Juni 1946 eine Verbesserung. Vor allem Obst und „Schwammerl" waren reichlich vorhanden. Schmuggelaktionen und Diebstahl prägten aber weiterhin den Nachkriegsalltag.[408] In der Gemeinde wurde der Schwarzhandel mit einer Anzeige bei der Bezirkshauptmannschaft geahndet sowie mit einer Geldbuße von 100 RM festgesetzt.[409]

Mit Hilfsprogrammen, wie zum Beispiel der UNRRA (United Nations Relief and Rehabilitation Administration), sollte Österreich aus dem Ausland mit Nahrung versorgt werden. Im Burgenland erfolgte die erste

---

403  *SGA*, Akte 1945, Nr. 114: Anfrage (1. 10. 1945).
404  *SGA*, Akte 1945, Nr. 168: Freiwillige Spende (30. 10. 1945).
405  *SGA*, Akte 1945, Nr. 168: Dankschreiben (31. 10. 1945).
406  Siehe dazu *Szorger*, Die Ernährungslage im Burgenland 1945–1955, 60–61.
407  *AMCS*, Situationsberichte des Gendarmeriepostenkommandos Schattendorf, E. 52 (7. 1. 1946–14. 1. 1946).
408  *AMCS*, Situationsberichte des Gendarmeriepostenkommandos Schattendorf, E. 246 (25. 6. 1946–24. 7. 1946).
409  *SGA*, Korr. Akte 1945, Register H, Verlautbarung vom 21. 6. 1945.

Lieferung an Nahrungsmitteln am 9. März 1946. Der Stopp dieses Versorgungsprojekts im darauffolgenden Jahr ließ die anfängliche Erholung der Ernährungslage jedoch wieder deutlich stagnieren, denn erst 1952 konnte eine vollständige Versorgung an Nahrungsmitteln im Burgenland wieder gewährleistet werden.[410] Vom sogenannten Marshallplan – unterzeichnet zwischen Österreich und den USA am 2. Juli 1948 – profitierte das Burgenland wirtschaftlich nur sehr wenig, denn nicht mehr als 0,33 Prozent der Unterstützungsmaßnahmen gerieten in das östlichste Bundesland. Am 11. Jänner 1949 wurde österreichweit die Mehl- und Brotrationierung, Ende August 1950 die Bewirtschaftung der Lebensmittel eingestellt.[411]

Der gesundheitliche Zustand der Ortsbevölkerung in den Nachkriegsmonaten wurde überwiegend als „gut" bezeichnet.[412] Zu einem Anstieg an Fleckfiebererkrankungen kam es jedenfalls nicht, denn Bürgermeister Michael Pinter meldete im Oktober an die Bezirkshauptmannschaft Mattersburg, dass „in der Gemeinde Schattendorf zur Errichtung einer Entlausungsstelle kein Anlass vorhanden" sei.[413] Im Juli 1945 trat der bereits bekannte Dr. Adalbert Jeszenkowitsch seinen Dienst in der Gemeinde als Hilfsarzt an.[414] Aus einem im Jahre 2009 geführten Gespräch mit seiner Frau Frieda geht hervor, dass die im Dorf stationierten Sowjets nicht zögerten, ihren Mann als Arzt anzuerkennen.[415]

## 13.6 Plünderung und Vergewaltigung

Es ist geschichtswissenschaftlich unwiderlegbar,[416] dass sich mit dem Beginn der sowjetischen Besatzungszeit das Alltagsleben der burgenländischen Bevölkerung nicht unbedingt zum Besseren wandte. Morde, sexuelle

---

410  Vgl. *Szorger*, Die Ernährungslage im Burgenland 1945–1955, 63–67.
411  Vgl. *Prickler*, Zeittafel Burgenland 1945–1955, 115–116.
412  *AMCS*, Situationsberichte des Gendarmeriepostenkommandos Schattendorf (Juli 1945 bis Juni 1946).
413  *SGA*, Akte 1945, Nr. 119: Massnahmen zur Bekämpfung des Fleckfiebers – Antwort an die BH Mattersburg (10. 10. 1945).
414  *SGA*, Akte 1945, Nr. 14: Evidenz des Sanitätspersonals – Antwort an die BH Mattersburg (31. 7. 1945).
415  Vgl. Ute *Leonhardt*, Frau Frieda Jeszenkowitsch im Interview. In: Aus der Pforte. Geschichte – Brauchtum – Kultur 11 (2009) 19–24, hier 24.
416  Siehe dazu Kapitel 6.

Übergriffe auf Frauen, Schlägereien und Scharmützel, Begegnungen mit betrunkenen Soldaten, die ihren nervösen Pistolenzeigefinger nicht unter Kontrolle hatten, sowie Diebstähle und Plünderungen waren im täglichen Brot der Menschen inbegriffen. Es waren Besatzungsmonate der permanenten Furcht,[417] die sich „qualitativ und quantitativ von der NS-Zeit deutlich negativ abhob."[418] Neben bereits vorhandenen Zeitzeugenberichten über Misshandlungen durch die Sowjets sowie über den Tod des Kindes Franz Grasl, der, um seine Mutter vor einem Übergriff zu schützen, von einem Soldaten erschossen wurde,[419] sollen im Folgenden weitere Vorkommnisse zwischen Rotarmisten und der Schattendorfer Bevölkerung geschildert werden. Damalige abscheuliche Momente sind den weiblichen Zeitzeuginnen heute noch im Gedächtnis:

> „Naja wir sind am Boden (Anm.: Heuboden) oben gewesen und ganz unten hat uns der Motz-Veida[420] nachher das Heu [...] wir sind da drinnen gewesen. Aber in der Nacht ist es zugegangen: ‚Hilfe, Hilfe!', haben die Frauen geschrien, die Schwarz Anna-Muahm[421] ist überhaupt so drangekommen."[422]

Frau Trimmel hatte sich am Ostermontag 1945 mit ihrer Familie bei einer Bekannten versteckt. Sie wurde Zeugin einer zweifachen Vergewaltigung:

> „Und dann sind wir nach hinten, meine Großmutter, ich und [meine Mutter]. Manche Sachen vergesse ich nicht. [...] Meine Mutter war damals ja erst 40 Jahre alt [...]. Und sie haben mich zugedeckt [...] und da haben sie immer gesagt: ‚Uii, da schreit jemand, da schreit jemand.' [...] und auf einmal geht die Tür auf [...] uii, jeder ein Gewehr in den Händen. [...] Einer setzt sich nieder [und der andere] hinein in die Stube [...] und kommt von der Liesl nicht mehr raus. [...] ‚Mutter, hilf mir, hilf mir', das Kind hat recht geweint. [...] [Die Mutter antwortete]: ‚Kind, ich kann dir nicht helfen.' [...] Und [der eine] raus und der andere rein zu ihr. Der nächste, kannst du dir denken [...]."[423]

---

417 Vgl. *Krenn*, Der „Umbruch", 216.
418 *Krenn*, Der „Umbruch", 216.
419 Vgl. *Bauer*, Die Russenzeit in Schattendorf, 24–25.
420 Ve(i)da = „eher liebevolle Bezeichnung für einen alten Mann [...]"
     *Perschy*, Sprechen Sie Burgenländisch?, 70.
421 Muahm = „Tante mütterlicherseits"; ebenda, 49.
422 Interview Martha Grasl.
423 Interview Maria Trimmel.

Weiters ergab der Tagesrapport der Ortspolizei am 25. April 1945, dass eine gewisse Barbara Schefberger von einem „unbekannten" Rotarmisten überfallen und verletzt worden sei.[424] Die eben beschriebenen Fälle lassen die mangelnden Einschreitbefugnisse[425] des in der Gemeinde zivil aufgestellten Sicherheitspersonals klar erkennen. Mit den Einquartierungen von Rotarmisten in Schattendorf sei jedoch „eine allmähliche Normalisierung des Lebens"[426] eingetreten. Hinsichtlich der Plünderungsaktionen wurden diese nicht nur den Soldaten vorgeworfen, sondern auch Teilen der Ortsbevölkerung. In der Ortschaft dürfte für die Bürger insbesondere der von den Telefonmasten herabhängende Telefondraht sehr begehrt gewesen sein.[427]

## 13.7 Prozess der Entnazifizierung

Aufgrund der allgemeinen Tatsache, dass der Entnazifizierungsvorgang eine bürokratische Maßnahme „von oben" darstellte und – methodisch betrachtet – das Alltagsleben dadurch eher in den Hintergrund rückt, soll dieses Kapitel nur die Grundzüge der Entnazifizierungspolitik in den Nachkriegsjahren vorweisen. Klar ist, dass damit 1945 einige Gesetzeserlässe[428] sowie die Einsetzung von Volksgerichten einhergingen. Besonders hervorzuheben ist das Verbotsgesetz („Vergeltungsgesetz") und das Kriegsverbrechergesetz.

Der Terminus der ‚Entnazifizierung' kann doppelt gedeutet werden: „Zum einen als allgemeines Synonym für die politische Säuberung, zum anderen meinte der Begriff den Prozess der Personalsäuberung in Verwaltung und Wirtschaft."[429] Am 7. Mai 1945 erhielt die Gemeinde Schattendorf

---

424  *SGA*, Korr. Akte 1945, Register H, Dienstnachweisung für den 26. 4. 1945 (25. 4. 1945).

425  Vgl. *Krenn*, Der „Umbruch", 221.

426  *Bauer*, Die Russenzeit in Schattendorf, 26.

427  *SGA*, Akte 1945, Nr. 236: Telephondrahtdiebstahl (14. 12. 1945).

428  Vgl. Winfried R. *Garscha*, Entnazifizierung und gerichtliche Ahndung von NS-Verbrechen. In: Emmerich *Tálos*, Ernst *Hanisch*, Wolfgang *Neugebauer*, Reinhard *Sieder* (Hg.), NS-Herrschaft in Österreich. Ein Handbuch (Wien 2000) 852–883.

429  Gert *Tschögl*, Lange Schatten. In: *Amt der Burgenländischen Landesregierung, Abteilung 7 – Landesmuseum* (Hg.), Russenzeit. Befreiung 1945 – Freiheit 1955 (Wissenschaftliche Arbeiten aus dem Burgenland 113, Eisenstadt 2005) 42–47, hier 42.

eine Kopie des genauen „Wortlauts" des Verbotsgesetzes, welches sich
in sieben Artikel und insgesamt 29 Paragraphen gliedert (Artikel I: Verbot der NSDAP; Artikel II: Registrierung der Nationalsozialisten; Artikel
III: Bestimmungen gegen „Illegale", schwerer belastete Nationalsozialisten und Förderer etc.).[430] Damit wurde auch dem Bürgermeister explizit
der Auftrag erteilt, den Entnazifizierungsprozess in der burgenländischen
Grenzgemeinde einzuleiten.

Registrierte Nationalsozialisten, Parteianwärter sowie SS- und NSDAP-
Wehrverbandsangehörige hatten vieles im Rahmen der „Sühnemaßnah-
men" wiedergutzumachen. Darunter fielen Berufsverbote, eine temporäre
Aberkennung staatsbürgerlicher Rechte, Vermögenseinbußen sowie eine
Haft in Anhaltelagern.[431] Ein Zwangslager für inhaftierte Nationalsozia-
listen befand sich im Schattendorfer Zollhaus.[432] Im Juli 1945 wurden die
Bürgermeister des Bezirkes Mattersburg von der Bezirkshauptmannschaft
beordert,

> „in erster Linie die registrierpflichtigen Nationalsozialisten einzusetzen. Kom-
> men dadurch nicht genügend Arbeitskräfte zusammen, oder würden durch den
> alleinigen Einsatz der Nationalsozialisten deren Wirtschaftsbetriebe gefährdet, so
> können auf Grund der Dienstpflichtverordnungen auch alle anderen Personen zur
> Arbeit herangezogen werden."[433]

Zuvor wurde bereits davon gesprochen, dass Teile der Schattendorfer Bevölkerung zum Arbeitsdienst herangezogen wurden. Dem Anschein nach war
also die Anzahl an registrierungspflichtigen Nationalsozialisten in Schattendorf zu klein oder einige von ihnen galten für den Arbeitsmarkt als
unabkömmlich, um den Aufbauarbeiten im Dorf und in der Umgebung
rein durch Sühneleistungen gerecht zu werden.

Wollte man ein neues Unternehmen gründen, so erfolgte die behördliche
Überprüfung der politischen Einstellung des Antragstellers. So übermit-
telte im November die Bezirkshauptmannschaft Mattersburg ein Schreiben an den Bürgermeister von Schattendorf bezüglich der „Anmeldung
der Betriebseröffnung" des Bäckermeisters Michael Brünner. Das Schreiben

---

430 *SGA*, Korr. Akte 1945, Register H, Der Wortlaut des Gesetzes (7. 5. 1945).
431 Vgl. *Tschögl*, Lange Schatten, 43.
432 Vgl. *Bauer*, Die Russenzeit in Schattendorf, 30.
433 *SGA*, Akte 1945, Nr. 13: Arbeitsverpflichtung (5. 7. 1945).

endet mit den Zeilen: „Sollte Herr Brünner jedoch illegales Mitglied der NSDAP sein, darf der Gewerbebetrieb *nicht* eröffnet werden."[434] Brünner war eingetragenes Mitglied der Partei, hatte sich jedoch nicht in illegalen Kreisen betätigt. Dies lässt sich aus seiner hohen NSDAP-Mitgliedsnummer (9.047.727) schlussfolgern.[435]

Zwei Jahre später, am 17. Februar 1947, wurde das Nationalsozialisten-gesetz novelliert, welches fortan belastete und minderbelastete National-sozialisten voneinander trennte. Ehemalige NSDAP-Funktionsträger und SS- sowie SA-Mitglieder kategorisierte man als „belastet", einfache Partei-mitglieder sowie funktionslose „Illegale" galten als Minderbelastete.[436] Ers-tere hatten die Möglichkeit, ihren Status anzufechten, um so in die Reihen der Minderbelasteten eingeordnet zu werden. Letztere konnten wiederum mittels einer schriftlichen Begründung das Gesuch stellen, von der Regist-rierungsliste gestrichen zu werden.[437] So auch der bereits vielfach erwähnte Mediziner Dr. Adalbert Jeszenkowitsch, welcher im Gegensatz zu seinen NSDAP-Mitbürgern eine geringe Mitgliederzahl (1.087.537) hatte. Schon sehr früh, im Juli 1945, schrieb er ein Gesuch an das Staatsamt für Inneres, um von der Registrierungsliste nach § 27 des Verbotsgesetzes gestrichen zu werden.[438] Gegen Ende seines Schreibens heißt es:

> „Erwähnen darf ich wohl noch, dass 1200 ungarische Juden als Schanzer, ganz rechtlos, in mir ihren besten Anwalt fanden, gespeist wurden und sonst auch jede erdenkliche Hilfe bei mir fanden.
> Der Mord an Einem am 25. März 1945 brachte mich so zum Rasen, dass der Antrag an die Gestapo ging [...].
> Von da an war ich auch äusserlich mit einer Weltanschauung fertig [sic!] die mir persönlich immer wesensfremd war. [...]
> War nur Parteimitglied, sonst keine Funktionen. [...]"[439]

---

434 SGA, Akte 1945, Nr. 148: Anmeldung der Betriebseröffnung (17. 11. 1945).
435 Siehe dazu die NSDAP-Mitgliederliste im Tresor der politischen Gemeinde Schattendorf.
436 Vgl. *Brettl*, Nationalsozialismus im Burgenland, 412.
437 Vgl. *Tschögl*, Lange Schatten, 44.
438 BLA, BH Mattersburg, NSDAP, Akte Entregistrierung, Dr. Adalbert Jeszen-kowitsch (18. 7. 1945).
439 ebenda.

Überraschend ist dennoch, dass sich Dr. Jeszenkowitsch in seiner zuvor zitierten Gerichtsaussage des Jahres 1950 an keine Erschießungen mehr erinnern konnte.[440] Dass er somit fünf Jahre nach Kriegsende hinsichtlich all der Grausamkeiten, die bei den Wallarbeiten vonstattengegangen waren, nicht gänzlich bei der Wahrheit blieb, ist hier leicht festzustellen. Die exakte Ursache seines trüben Erinnerungsvermögens ist aber bedauerlicherweise nicht mehr herauszufinden. Er wollte wohl aus Gründen des Selbstschutzes jegliche Missstände während der Schanzarbeiten unerwähnt lassen, um so den Eindruck seiner Distanz zum Nationalsozialismus zu vermitteln. Bis Ende September 1945 hatten sich sieben Männer[441] von den mindestens 180 Parteimitgliedern aus Schattendorf der Registrierung als NSDAP-Mitglied entzogen. 1949[442] wurden im Zuge der bevorstehenden National- und Landtagswahlen die Minderbelasteten, 1952[443] die Belastenden amnestiert.

## 13.8 Heimkehrer und Heirat

Die letzten Zeilen Ute Bauers in ihrem Beitrag „Russenzeit in Schattendorf" weisen die Leserschaft auf ein allmähliches Verschwinden der alltäglichen Sorgen der Dorfbevölkerung, welche der Zweite Weltkrieg und die darauffolgende sowjetische Besatzungszeit herbeigeführt hatten, hin. Alltäglich Erfreuliches, wie zum Beispiel das Abhalten von Sport- und Tanzveranstaltungen, der regelmäßige Besuch im Kino und das Einsetzen von Maßnahmen zur Renovierung der örtlichen Infrastruktur, trug wesentlich zu einer Auflösung dieses individuellen Kummers bei.[444] Besonders erwähnenswert und als eine für die Ortsbevölkerung gedachte willkommene Abwechslung war der im März 1946 stattfindende Heimkehrerball im heutigen Hotel-Restaurant Sonnenhof in der Fabriksgasse.[445] Eine vollständige Liste der aus dem Zweiten Weltkrieg heimgekehrten Soldaten befindet sich in der

---

440  Siehe dazu Kapitel 12.3.
441  *SGA*, Akte 1945, Nr. 110: NSDAP-Mitglieder, die die Registrierung unterlassen haben (29. 9. 1945).
442  Vgl. *Prickler*, Zeittafel Burgenland, 115.
443  Vgl. ebenda, 117.
444  Vgl. *Bauer*, Die Russenzeit in Schattendorf, 31.
445  Vgl. *Weisgram*, Von der toten Grenze in die Mitte Europas, 101.

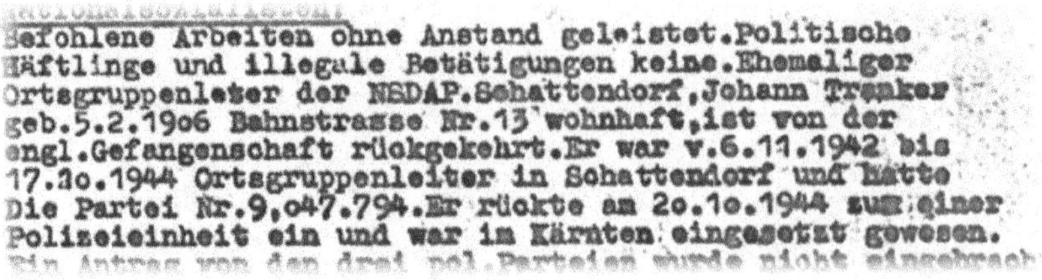

```
Befohlene Arbeiten ohne Anstand geleistet.Politische
Häftlinge und illegale Betätigungen keine.Ehemaliger
Ortsgruppenleiter der NSDAP.Schattendorf,Johann Tranker
geb.5.2.1906 Bahnstrasse Nr.13 wohnhaft,ist von der
engl.Gefangenschaft rückgekehrt.Er war v.6.11.1942 bis
17.10.1944 Ortsgruppenleiter in Schattendorf und hätte
Die Partei Nr.9,047.794.Er rückte am 20.10.1944 zug einer
Polizeieinheit ein und war im Kärnten eingesetzt gewesen.
```

**Abbildung 12:** Auszug Situationsbericht Gendarmeriepostenkommando
Schattendorf (Jänner 1946) (Quelle: AMCS)

Ortschronik.[446] Der mit seiner Familie geflohene und ehemalige NSDAP-
Ortsgruppenleiter Johann Tranker kehrte zur Jahreswende 1945/46 heim.
Er war zuvor in englische Kriegsgefangenschaft geraten.[447]

    Dass für viele Heimkehrer ihre Ankunft zu Hause zwar erfreulich, ihre
spätere Integration in das Gemeinschaftswesen jedoch schwierig war –
immerhin unterlag die Gesellschaft während des NS-Regimes und der Besatzung drastischen Veränderungen –, liegt offen auf der Hand. Es stellte sich
für die Kriegsheimkehrer als äußerst mühsam und kompliziert heraus, sich
der Wirtschaftslage und dem Arbeitsmarkt schnell anzupassen. Ferner
mussten die vor dem Krieg eingegangenen Ehebündnisse aufgrund der langen Abwesenheit des Mannes erneut auf die Probe gestellt werden.[448] Die
ersten Eheschließungen nach dem Krieg fanden im September 1946 statt.[449]
Frau Grafl erinnerte sich noch gut an die damaligen Liebschaften und die
Hochzeitssituation. Lachend meinte sie: „Damals sind ja keine Burschen
gewesen, […] damals hast du nehmen müssen, wer dich genommen hat."[450]

## 13.9 Schulwesen

Dass der Schulbetrieb nicht nur in den letzten Kriegsmonaten, sondern auch
durch NS-Propagandaaktivitäten während der ersten Kriegsjahre deutlich

446 Die Heimkehrer des Zweiten Weltkrieges. In: *Marktgemeinde Schattendorf* (Hg.),
    Schattendorf. Seine Geschichte und seine Menschen (Schattendorf 2003) 315.
447 *AMCS*, Situationsberichte des Gendarmeriepostenkommandos Schattendorf,
    E. 11 (1. 1. 1946–6. 1. 1946).
448 Vgl. *Hess*, Kriegsgefangenschaft und Heimkehr, 25–26.
449 Vgl. *Weisgram*, Von der toten Grenze in die Mitte Europas, 102.
450 Interview Ida Grafl.

beeinträchtigt worden war, geht bereits aus Kapitel 11.5 hervor. Mit dem
Kriegsende und dem Niedergang der nationalsozialistischen ‚Volksgemeinschaft' konnte die Kirche zwar das Schulgebäude wieder ihr Eigen nennen,
die Schule selbst als Bildungseinrichtung verlor aber für immer ihren konfessionellen Status.[451]

Im August 1945 erging ein Schreiben des Bezirksschulinspektors von
Mattersburg an alle Bürgermeister, welcher diese bat, über den allgemeinen
Zustand des Schulgebäudes sowie die vorhandenen Lehrkräfte zu infor-
mieren. Ferner schienen ihm die politischen Einstellungen der Lehrerschaft
sowie damit einhergehende mögliche Versetzungen wichtig.[452] Eine Woche
später erfolgte die Antwort des Bürgermeisters Pinter: Es waren drei Lehrkräfte zur Verfügung, Oberlehrer Paul Pinter, Theresia Szucsich und Franz
Alram. Des Weiteren geht hervor, dass das Schulgebäude einer gründlichen
Reinigung unterzogen wurde, nachdem das sowjetische Ortskommando
das Schulhaus freigegeben hatte. Von den Einrichtungsgegenständen sowie
Unterrichtsmitteln konnte teilweise Gebrauch gemacht werden. Es mangelte
lediglich an österreichischen Lesebüchern. Pinter drückte in dieser Mitteilung seine Hoffnungen aus, baldmöglichst wieder mit dem Schulunterricht
beginnen zu können. Hinsichtlich der Lehrerschaft und ihrer politischen
Verlässlichkeit schrieb der Bürgermeister, dass die „[momentan gemelde-
ten] männlichen Lehrkräfte [...] zwar nach ihren Angaben Mitglieder der
NSDAP" waren, sie aber „für den Schuldienst vorläufig zu verwenden [sind]
[...]."[453] Einen Monat später, am Montag, dem 10. September 1945, begann
in Schattendorf das neue Schuljahr für alle schulpflichtigen Kinder. Die
Anmeldungsgebühr betrug 1 RM.[454] Dass also ein Lehrermangel in der
Volksschule herrschte, wenn auch nicht ein allzu eklatanter, ist hier leicht
zu erkennen. Dass man aber auch Lehrer, welche der NSDAP sehr nahe-
standen, wieder in den Schulbetrieb einsetzte, Bürgermeister Pinter sich
dadurch bürokratische Prozesse ersparen wollte und somit politisch mehr

451 Vgl. *Bernhardt*, Volksschule und Schulwesen, 189.
452 *SGA*, Akte 1945, Nr. 56: Schulgebäude und verfügbare Lehrkräfte
(10. 8. 1945).
453 *SGA*, Akte 1945, Nr. 56: Schulgebäude und verfügbare Lehrkräfte – Antwort
an den Bezirksschulinspektor (17. 8. 1945).
454 *SGA*, Korr. Akte 1945, Register H, Verlautbarung vom 8. 9. 1945.

oder weniger ein Auge zudrückte, um den Unterricht überhaupt wieder fortsetzen zu können, liegt ebenfalls auf der Hand.

Im März des Folgejahres setzte die Schulabteilung der BH Mattersburg den 1. April 1946 als schulfreien Tag fest. Es handelte sich dabei um das einjährige Jubiläum des Einmarsches der Rotarmisten in der Region Mattersburg. Am vorangegangenen Samstag sollten die Schüler sogar „in der letzten Unterrichtsstunde in entsprechender Form auf die Bedeutung dieses Tages hingewiesen werden."[455] Die letzten Zeilen dieser offiziellen Mitteilung, welche im Folgenden zitiert werden, unterstreichen den eifrig ersehnten Wiederaufbau Österreichs sowie eine vollkommene Distanzierung zur Hitlers niedergegangenen ‚Volksgemeinschaft':

> „Wir sind vom Nationalsozialismus, von seiner Partei, von seinem Kriege befreit worden, die Katastrophe ist uns geblieben. Es ist unsere nächste Aufgabe, unter grössten Schwierigkeiten aus den Trümmern des Krieges eine neue friedliche, demokratische Welt aufzubauen [...]."[456]

Noch im Dezember 1945 hatte die Volksschule Schattendorf von der Bezirkshauptmannschaft den Auftrag erhalten, „alle Aufsätze und Bilder, die über die [...] heroische Weltauffassung, rassische Unduldsamkeit, etc. erzählen, [...] rücksichtslos [aus den Schulbüchern] herauszuschneiden."[457] Sechs Jahre später, im Jänner 1951, wurden die Schulleiter aufgefordert, vormittags „Trauerfeiern anlässlich des Hinscheidens des Herrn Bundespräsidenten Dr. Karl Renner" abzuhalten. Mit dem Singen der österreichischen Bundeshymne sollte dieser Trauertag sein Ende finden.[458] In den Jahren nach dem Zweiten Weltkrieg wurde den Schulleitungen also auf das Äußerste vermittelt, dass das burgenländische Schulwesen mit dem Nationalsozialismus nichts mehr zu tun haben wollte. Es war der feste Glaube an das österreichische Vaterland in den Mittelpunkt geraten, der von nun an verteidigt werden musste.

---

455 AVS, Ordner Schulgeschichte 1945–1988, Schreiben der Schulabteilung (BH Mattersburg) an alle Schulen des Bezirkes (28. 3. 1946).
456 ebenda.
457 AVS, Hausberatungen der Volksschule (1939–1948), Niederschrift vom 12. 12. 1945.
458 AVS, Ordner Schulgeschichte 1945–1988, Gedächtnisfeier für Herrn Bundespräsidenten Dr. Karl Renner (8. 1. 1951).

Einer der wohl passendsten Zeitungsartikel aus dem Jahr 1946, in welchem die Volksschüler Schattendorfs erneut herangezogen und als zukunftsweisend dargestellt werden, soll noch ein letztes Mal verdeutlichen, dass Regierungen, seien sie demokratisch oder faschistisch-diktatorisch, ihre ganzen Hoffnungen auf die Jugend setzten.[459] War beispielsweise das Sommerferiengeschenk für die Schülerschaft 1939 das Buch „Du und Dein Volk" gewesen, rechneten die burgenländischen Kommunisten in ihrer Wochenzeitung *Freies Burgenland*[460] mit Hitlers ‚Volksgemeinschaft' endgültig ab:

> „Von der Volksschule Schattendorf erhalten wir einige Schüleraufsätze über das Thema: ‚Was wir jungen Oesterreicher unserer Heimat schuldig sind', durchwegs verfaßt von Schülern der 7. und 8. Klasse. Wir […] wollen damit zeigen, wie man in der neuen Schule arbeiten muß, um die ‚Naziinjektionen', die unseren Kindern sieben Jahre lang eingeimpft wurden, unschädlich zu machen.
> Die Schülerin der 7. Klasse Ingrid Alram schreibt zu obigem Thema: ‚Unsere schöne Heimat ist durch die Kriegsereignisse sehr zerschlagen […]. Es mangelt an Menschenkräften, deshalb kommt es auch auf uns Kinder an.
> […] In der Schule sollen wir mit Fleiß lernen und uns freudig bilden, denn wir sind diejenigen, die später unsere Heimat leiten und führen müssen. Wir sollen unser Land zu einem beneideten und bewunderten Oesterreich erheben. Wir sind die Zukunft des österreichischen Volkes. […] Wir werden mit Stolz sagen können: ‚Ich bin ein Oesterreicher!'
> […]"[461]

## 13.10 Staatsvertrag 1955

Die Geschichte des langen Weges zum Abschluss des österreichischen Staatsvertrages ist sehr gut erforscht[462] und daher in diesem letzten Unterabschnitt nicht von wesentlicher Bedeutung. Dieses politisch einschneidende Ereignis

---

459  Siehe dazu die hier zitierten Zeitungsartikel: Neues Burgenländisches Volksblatt (10. 12. 1937) in Kapitel 1 sowie Grenzmark-Zeitung (26. 6. 1938 und 15. 7. 1939) in Kapitel 1 und 5.1.

460  Rudolf *Gabriel*, Wochenzeitung „Freies Burgenland", 18. 11. 2015, online unter http://www.kpoe.at/kommunal/2016/wochenzeitung-quot-freies-burgenland-quot (28. 1. 2020).

461  Unsere Jugend. In: Freies Burgenland, Jg. 2, Nr. 9 (1. 3. 1946) 4–5.

462  Siehe dazu bspw. den Sonderband von Stefan *Karner*, Gottfried *Stangler* (Hg.), „Österreich ist frei!" Der Österreichische Staatsvertrag (Beitragsband zur Ausstellung auf Schloss Schallaburg 2005, Horn/Wien 2005).

dient lediglich als Abrundung des in der Einleitung angepriesenen diskursiven roten Fadens der nationalsozialistischen ‚Volksgemeinschaft'.

Im April 1955 fand in Moskau der Pfad der langen und mühevollen Abschlussverhandlungen sein erfolgreiches Ende. Die Resultate lassen sich im Moskauer Memorandum finden, in welchem unter anderem die immerwährende Neutralität Österreichs festgelegt wurde. Der Tag der Unterzeichnung des Staatsvertrages war der 15. Mai 1955 im Schloss Belvedere und bedeutete die Wiedererlangung der Eigenständigkeit Österreichs. Rechtswirksam wurde er aber erst am 27. Juli. Die Beschlussfassung im Bundesverfassungsgesetz über die Neutralität erfolgte am 26. Oktober 1955 durch den Nationalrat. Bis zum 25. Oktober sollten alle in Österreich stationierten Besatzungssoldaten das Land verlassen haben. Wohingegen das Wochenende der Signierung des Staatsvertrages in Wien einem aufsehenerregenden Ereignis glich, trat die mediale Inszenierung darüber im Burgenland verspätet in den Vordergrund. Erst Tage nach dem 15. Mai erhielt die burgenländische Bevölkerung anhand von Wochenschaubildern und Zeitungsartikeln eine bildhafte Vorstellung dieser Zäsur der österreichischen Geschichtsschreibung.[463]

Auf die Frage, ob am 15. Mai in Schattendorf spezielle Ereignisse wahrgenommen werden konnten, antwortete Johann Pinter schmunzelnd, dass man die Situation sehr entspannt gesehen hätte. Er selbst aber sei an diesem Tag nicht zu Hause gewesen.[464] Josef Pinter war sich wiederum weniger sicher, meinte aber, dass die Ortsbevölkerung das Dorf mit rot-weiß-roten Fahnen geschmückt hätte.[465] Frau Trimmel mochte sich an Jubel und die Freude der Dorfbewohner über die österreichische Freiheit erinnert haben. Die Kirchenglocken hätten geläutet und Messen wurden abgehalten.[466] 1955 vermerkte Pfarrer Spuller in der Pfarrchronik folgende Worte:

---

463  Vgl. Gert *Tschögl*, Identitätsstiftende Bilder – Der Staatsvertrag. In: *Amt der Burgenländischen Landesregierung, Abteilung 7 – Landesmuseum* (Hg.), Russenzeit. Befreiung 1945 – Freiheit 1955 (Wissenschaftliche Arbeiten aus dem Burgenland 113, Eisenstadt 2005) 48–53, hier 50–52.
464  Interview Johann Pinter.
465  Interview Josef Pinter.
466  Interview Maria Trimmel.

„Das Jahr 1955 ist auch das Glücksjahr, das uns den Staatsvertrag brachte. [...] Gott sei Lob und Dank, aber auch du hl. Gottesmutter, die da ihre besondere Hilfe [...] gezeigt hat. [...] In den beiden Marienmonaten wurden wir frei! Wohl ein auffallender Hinweis auf die Hilfe Mariens! Jedesmal sind Dank-Gottesdienste, vor allem ‚Te Deum' gehalten worden."[467]

Die Unterzeichnung des Staatsvertrages wurde in Schattendorf also überwiegend positiv wahrgenommen. Dies geschah nicht nur aus heutiger Perspektive unter Heranziehung der Zeitzeugen, sondern auch im Jahr 1955 aus der Sicht des Dorfpfarrers und – so ist anzunehmen – der übrigen Dorfbevölkerung. Die möglichen Gründe dafür und inwiefern diese mit einem volksgemeinschaftlichen Gedankengut assoziiert werden können, werden im Schlusskapitel dieser Arbeit erläutert, indem die in der Einleitung gestellten Forschungsfragen beantwortet werden.

---

467 *PfS*, Chronik, 181.

# IV. Zusammenfassung, Ergebnis und Ausblick

Diese historische Lokalstudie setzte sich das Ziel, Licht auf das Schattendorfer Alltagsgeschehen im Rahmen des gesellschaftspolitischen Wandels im Zeitraum von 1938 bis 1955 zu werfen. Dem NS-Regime wurde dabei die größte Aufmerksamkeit verliehen, zumal Adolf Hitlers ‚Volksgemeinschaft' als Werkzeug zur Analyse einer Gesellschaftsgeschichte des Nationalsozialismus eingesetzt wurde. Mithilfe der vorangestellten Frage, was ‚Volksgemeinschaft' überhaupt bedeuten konnte, wurden die – nach heutigem geschichtswissenschaftlichen Verständnis – maßgebendsten Merkmale dieses Schlagwortes der damaligen Zeit herausgearbeitet. Erst dadurch entstand die Möglichkeit, der Hauptforschungsfrage nachzugehen, inwiefern die ‚Volksgemeinschaft' als Propagandaformel und Kollektivdenkmuster das alltägliche Leben in der Gemeinde beeinflusste und dominierte. Der grobe Zeitraum um das Anschlussjahr 1938 sollte den Integrationsprozess der Dorfbevölkerung in die ‚Volksgemeinschaft', die letzten Kriegsjahre die Abkehr von diesem Gemeinschaftsdenken sichtbar machen. Eine knappe Darstellung der sowjetischen Besatzungszeit verknüpft mit der Unterzeichnung des österreichischen Staatsvertrages 1955 als thematische Abrundung diente schlussendlich dazu, innerhalb dieser Periode das persönliche Gefühl der Sehnsucht nach dem nationalsozialistischen Gemeinschaftsplan womöglich noch einmal ausfindig zu machen.

Der Erste Weltkrieg entfachte den Wirbelsturm um die ‚Volksgemeinschaft'. Der Begriff sollte alle Deutschen solidarisieren und ihre Kriegsbegeisterung weiter ankurbeln. In der Weimarer Republik und somit unter demokratischen Verhältnissen hatten es die Parteien hingegen nicht gerade leicht, diesen Terminus nur für sich zu beanspruchen. Das Wort hatte schlichtweg nie wirklich exakte Definitionskriterien besessen. Infolgedessen entstanden zahlreiche Interpretationsmöglichkeiten der Bezeichnung. Zu Beginn der 1930er-Jahre gelang es den Nationalsozialisten, die Begrifflichkeit der ‚Volksgemeinschaft' für sich zu gewinnen und die Menschen damit in einen Bann zu ziehen, in welchem humanes, rationales Denken und menschliche Moral rassischem Antisemitismus und Antipluralismus weichen mussten. Die Hitlersche Gemeinschaft verwehrte insbesondere der jüdischen Bevölkerung jede Eintrittsmöglichkeit. Ihr wurden Plätze außerhalb der ‚Volksgemeinschaft‘ zugewiesen, zuerst in Ghettos, später in Konzentrations- und Vernichtungslagern.

Die nationalsozialistische ‚Volksgemeinschaft‘ war in Wirklichkeit kein soziales Auffanglager für ärmere Bevölkerungsschichten, obwohl sie dieses in Aussicht stellte. Ihr Hauptzweck lag im Wesentlichen darin, die „Volksgenossen" dabei zu unterstützen, antisemitisch denken zu lernen. Die NSDAP war mithilfe ihrer Zweigorganisationen, wie zum Beispiel der HJ, stets bemüht, das Bekenntnis zur ‚Volksgemeinschaft‘ durch bestimmte Handlungsmuster aufrechtzuerhalten. Darunter fielen vor allem Aufmärsche und Feierlichkeiten, die das Ziel hatten, sich gemeinsam gegen Nicht-Volksgenossen zu solidarisieren. Des Weiteren glich sie einer Argumentationsstrategie: Wo immer auch Hürden oder Probleme auftraten, der stets propagierte Zusammenhalt sollte diese Hindernisse überwinden.

Die hoffnungslose Wirtschaftslage und hohe Arbeitslosigkeit im kleinen autoritären Österreich unter Schuschnigg waren auch für die meisten Schattendorfer ausreichend Anlass dazu, sich von der österreichischen ‚Volksgemeinschaft‘ abzuwenden und Hitlers deutschem ‚Volk‘ in die Arme zu laufen. Obwohl in der medialen Öffentlichkeit der „Anschluss" in der burgenländischen Grenzgemeinde einen Monat zuvor relativ leidenschaftslos verlief – dies ist wohl auf eine fehlende Ortspartei und einen stark verankerten „vaterländischen" Gegenpol in den wenigen Wochen vor Hitlers Machübernahme zurückzuführen –, erfolgte in den darauffolgenden Jahren ein gesellschaftspolitischer Wandel, dessen Ursachen insbesondere in der „Gleichschaltung" fast aller Lebensbereiche der Dorfbevölkerung lagen. Im Grunde genommen wurde das Arbeiten im Betrieb und am Felde, das Fungieren in Ämtern und Behörden, das Lernen in der Schule und das einfache Spielen am Straßen- oder Waldrand politisch überwacht und militarisiert. Die Partei und ihr Netzwerk an nationalsozialistischen Unterorganisationen setzten in Schattendorf alles daran, die Jugend, erwachsene Frauen und wehruntaugliche Männer nicht aus den Augen zu verlieren. Örtliche Parteiveranstaltungen, Aufmärsche der HJ, diverse Festivitäten, kulturelle Darbietungen, eine auf den „Führer" vereidigte Lehrerschaft, vor allem aber die nationalsozialistische Presse waren dafür verantwortlich, die ‚Volksgemeinschaft‘ zu inszenieren und den Glauben daran immer wieder zu solidieren. Unter Heranziehung von Michael Wildts Ansatz und These, die Schöpfung der antisemitischen ‚Volksgemeinschaft' sei „eine Frage der Tat"[468], ist ersichtlich geworden, dass Schattendorf nur in geringem Ausmaß ein illustrierendes Beispiel einer funktionierenden ‚Volksgemeinschaft' war. Es hatte schlichtweg zu wenige jüdische Einwohner in der Ortschaft gegeben, welchen noch rechtzeitig die Flucht in das Ausland gelang. Dennoch sei hinzugefügt, dass antisemitisches Gedankengut in der Ortschaft in der Luft lag.

Der Verlauf des Krieges, welcher die zivile Alltäglichkeit der Dorfbevölkerung immer stärker militarisierte und somit in Mitleidenschaft zog, ließ den Glauben an den „Führer" und seiner ‚Volksgemeinschaft' brüchig werden. Die anfangs von der Politik geäußerten Versprechungen eines verbesserten Lebensstandards konnten durch diesen Gemeinschaftsgedanken, der den Schattendorfern im Sinne des totalen Kriegseinsatzes zu viel abverlangte, unmöglich eingelöst werden. Hitlers Volk wurde gegen Kriegsende schlichtweg immer mehr enttäuscht und betrogen. Wenn es die ‚Volksgemeinschaft' in einer Weise gegeben hatte, dann lediglich als „Zwangsgemeinschaft" zur Vorbereitung auf einen globalen Krieg, den sich eigentlich niemand in diesem Ausmaß gewünscht hatte. Somit war sie zu einem Widerspruch geworden: Hitlers globaler, kostspieliger Konflikt, der die Ressourcen jeglicher Art sowie Menschenleben in sich aufsaugte, „vernachlässigte" zunehmend das „eigene Volk" und ließ 1945 gänzlich darauf vergessen. Schattendorf war Teil dieses Volkes.

Unmittelbar nach Ankunft der Sowjets in Schattendorf herrschte kurzweilige freudige Erwartung auf das Ende des nationalsozialistischen Regimes. Obwohl aber das Kriegsende und das darauffolgende dörfliche Zusammenleben mit den Rotarmisten nicht wirklich allgemeine Verbesserungen mit sich brachte und dadurch die den Dorfbewohnern möglicherweise so manch bekannten Gräueltaten der Nazis verschleiert wurden, erfolgte mehrheitlich keine Rückbesinnung zur ‚Volksgemeinschaft'. Vor allem im Schulwesen im Bezirk Mattersburg setzten die obersten Verwaltungsinstanzen alles daran, eine Distanzierung zur Ideologie Hitlers herbeizuführen. Ferner lag es aber auch an der großen wirtschaftlichen Not in den ersten Nachkriegsjahren, um

468 *Wildt*, Volksgemeinschaft als Selbstermächtigung, 68.

weiter utopisches Gedankengut zu verfolgen. Im Zuge des Wiederaufbaus musste ein neues ‚Volk‘, ein österreichisches, nun alle Kräfte sammeln, um das Land aus den Trümmern, die die ‚Volksgemeinschaft‘ verursacht hatte, wieder zu befreien. Es sei jedoch hier unbedingt klargestellt, dass dieser Trümmerhaufen selbst verursacht wurde. Denn im April 1938 wollte auch die „Führergemeinde" Schattendorf Hitlers Gemeinschaft als feste Stütze angehören. Die abgeschlossenen Staatsvertragsverhandlungen entfalteten zwar eine mehrheitlich positive Stimmung in der Ortschaft, der Akt der Signierung im weit entfernen Wien dürfte jedoch für die Ortsbevölkerung relativ unspektakulär gewesen sein. Jedenfalls war die ‚Volksgemeinschaft' in diesem Zeitraum von keiner Bedeutung mehr.

# Quellenverzeichnis

## Burgenländisches Landesarchiv (BLA)

Bezirksgericht Mattersburg
  Häftlings- und Sträflingsprotokolle (1922–1930)
  Strafakten (1922–1965)

Bezirkshauptmannschaft Mattersburg
  NSDAP, Akte Entregistrierung (1945)

Lage-, Vorfall- und Informationsberichte, A/VIII-14
  III: Berichte der Gendarmerieposten
    1. Situationsberichte 1936
    2. Situationsberichte 1937

Kultus, Ehe, Matriken, Legitimierungen und Kirchenräte (1940–1945)

Arisierungsakten des nördlichen Burgenlandes (1938–1945)

## Schattendorfer Gemeindearchiv (SGA)

Akte 1945 (mit Nummernverzeichnis: Einlaufbuch 1945, Nr. 1-297)

Korrespondenz Akte 1945 (Korr. Akte 1945), Register H

## Tresor der politischen Gemeinde Schattendorf

NSDAP-Mitgliederliste

## Archiv Media Center Schattendorf (AMCS)
## Eigentümer: Erwin Kurz, Vorstadt 4, 7022 Schattendorf

Ordner 1942–1950

Situationsberichte des Gendarmeriepostenkommandos Schattendorf (1945–1955)

## Archiv Volksschule Schattendorf (AVS)

Klassenbuch (3. Klasse, Schuljahr 1943/44)

Verhandlungsschriften der Lehrerkonferenzen (1926–1939)

Hausberatungen der Volksschule (1939–1948)

Ordner Schulgeschichte 1945–1988

## Röm.-Kath. Pfarramt – Pfarrhof Schattendorf (PfS)

Chronik

## Zeitungen

Burgenländische Freiheit: sozialdemokratisches Landesorgan (1933)

Neues Burgenländisches Volksblatt: Wochenblatt für das vaterländische Volk des Burgenlandes (1937, 1938)

Grenzmark-Zeitung (Grenzmark Burgenland): Mitteilungsblatt der NSDAP für den Kreis Eisenstadt (1938, 1939, 1943)

Freies Burgenland: Landesorgan der kommunistischen Partei Österreichs (1946)

## Oral History

Ida Grafl (*1924), 16. 4. 2019, Schattendorf

Josef Pinter (*1924), 19. 4. 2019, Schattendorf

Martha Grasl (*1928), 7. 6. 2019, Schattendorf

Johann Pinter (*1929), 9. 7. 2019, Schattendorf

Maria Trimmel (*1932), 20. 4. 2019, Schattendorf

# Literaturverzeichnis

## Monographien, Hochschulschriften und Herausgeberschaften

*Amt der Burgenländischen Landesregierung, Abteilung 7 – Landesmuseum* (Hg.), Russenzeit. Befreiung 1945 – Freiheit 1955 (Wissenschaftliche Arbeiten aus dem Burgenland 113, Eisenstadt 2005).

Frank *Bajohr*, Michael *Wildt* (Hg.), Volksgemeinschaft. Neue Forschungen zur Gesellschaft des Nationalsozialismus (Frankfurt am Main 2009).

Kurt *Bauer*, Die dunklen Jahre. Politik und Alltag im nationalsozialistischen Österreich 1938 bis 1945 (Frankfurt am Main ²2017).

Ute *Bauer*, 30. Jänner 1927. Der Zusammenstoß von Schattendorf (Diplomarbeit Universität Wien 1995).

Gerhard *Baumgartner*, Herbert *Brettl*, „Einfach weg!". Verschwundene Romasiedlungen im Burgenland (Wien/Hamburg 2020).

Pia *Bayer*, Dieter *Szorger*, Der Weg zum Anschluss. Burgenlandschicksal 1928–1938 (Wissenschaftliche Arbeiten aus dem Burgenland 125, Eisenstadt 2008).

Herbert *Brettl*, Nationalsozialismus im Burgenland. Opfer . Täter . Gegner (Nationalsozialismus in den österreichischen Bundesländern 2, Innsbruck 2012).

Bertrand Michael *Buchmann*, Insel der Unseligen. Das autoritäre Österreich 1933–1938 (Wien/Graz 2019).

*Burgenländische Landesregierung* (Hg.), Allgemeine Landestopographie des Burgenlandes III/3 (Eisenstadt 1993).

Jörg *Echternkamp*, Das Dritte Reich. Diktatur, Volksgemeinschaft, Krieg (Oldenbourg Grundriss der Geschichte 45, Berlin/Boston 2018).

Michael *Egger*, Der kleine Oral History Ratgeber (Schriftenreihe der Arbeitsgemeinschaft für Wirtschafts- und Sozialgeschichte, Graz 2013).

Walter *Feymann*, Die langen Schatten der Vergangenheit. Betrogene Hoffnungen und die Schuld der Gleichgültigkeit – Nazifizierung und Entnazifizierung des Burgenlandes (Oberwart 2015).

Norbert *Frei*, 1945 und wir. Das Dritte Reich im Bewußtsein der Deutschen (München 2009).

Roland *Gager*, Kriegsende und sowjetische Besatzung im Burgenland. Eine Lebensgeschichte aus Deutschkreuz (Diplomarbeit Universität Wien 2016).

Johanna *Gehmacher*, ,Völkische Frauenbewegung'. Deutschnationale und nationalsozialistische Geschlechterpolitik in Österreich (Wien 1998).

Sonja Elisabeth *Ivansich*, Eisenstadt 1945. Kriegsende und Besatzungszeit (Diplomarbeit Universität Wien 2002).

Margarethe *Kainig-Huber*, Franz *Vonwald*, Schreckensherrschaft in Niederösterreich 1938–1945. Alltag in der nationalsozialistischen Zeit (Berndorf 2018).

Stefan *Karner* (Hg.), Das Burgenland im Jahr 1945 (Beiträge zur Landes-Sonderausstellung 1985, Eisenstadt 1985).

Stefan *Karner*, Gottfried *Stangler* (Hg.), „Österreich ist frei!" Der Österreichische Staatsvertrag (Beitragsband zur Ausstellung auf Schloss Schallaburg 2005, Horn/Wien 2005).

Hermann *Krenn*, Der „Umbruch". Das mittlere und nördliche Burgenland 1944–1946 (Dissertation Universität Wien 1991).

Johann *Kriegler*, Wiesen im Burgenland. Erlebtes – Gehörtes – Geschautes (Wiesen 2002).

Günther *Kronenbitter*, Markus *Pöhlmann*, Dierk *Walter* (Hg.), Besatzung. Funktion und Gestalt militärischer Fremdherrschaft von der Antike bis zum 20. Jahrhundert (Krieg in der Geschichte 28, Paderborn 2006).

Andreas *Kunz*, Wehrmacht und Niederlage. Die bewaffnete Macht in der Endphase der nationalsozialistischen Herrschaft 1944 bis 1945 (Beiträge zur Militärgeschichte 64, München [2]2007).

Adi *Lang*, NS-Regime, Kriegsende und russische Besatzungszeit im Südburgenland (Oberwart [2]2011).

Eleonore *Lappin-Eppel*, Ungarisch-Jüdische Zwangsarbeiter und Zwangs-arbeiterinnen in Österreich 1944/45. Arbeitseinsatz – Todesmärsche – Folgen (Austria: Forschung und Wissenschaft Geschichte 3, Wien 2010).

Norbert *Leser*, Paul *Sailer-Wlasits* (Hg.), 1927: als die Republik brannte. Von Schattendorf bis Wien (Wien/Klosterneuburg 2002).

*Marktgemeinde Schattendorf* (Hg.), Schattendorf. Seine Geschichte und seine Menschen (Schattendorf 2003).

Karin *Masek*, Schattendorf und der Justizpalastbrand 1927 im Spiegel der Wiener Tagespresse (Diplomarbeit Universität Wien 2004).

Erich *Murawski*, Der deutsche Wehrmachtbericht 1939–1945. Ein Beitrag zur Untersuchung der geistigen Kriegsführung. Mit einer Dokumentation der Wehrmachtberichte vom 1. 7. 1944 bis zum 9. 5. 1945 (Schriften des Bundesarchivs 9, Boppard am Rhein 1962).

Rolf-Dieter *Müller*, Der Zweite Weltkrieg (Geschichte kompakt, Darmstadt 2015).

Michelle *Neubauer*, Ethnische Minderheiten im Burgenland während des Nationalsozialismus (Diplomarbeit Universität Wien 2018).

Jakob Michael *Perschy*, Sprechen Sie Burgenländisch? Ein Sprachführer für Einheimische und Zugereiste (Wien 2004).

Detlev *Peukert*, Volksgenossen und Gemeinschaftsfremde. Anpassung, Ausmerze und Aufbegehren unter dem Nationalsozialismus (Köln 1982).

Norbert *Pingitzer*, Der „Anschluss" 1938 Burgenland mit einem Exkurs nach Wien. Eine kompakte, reich bebilderte Dokumentation (Schwarzach 2018).

Manfried *Rauchensteiner*, Der Krieg in Österreich ´45 (Wien 1995).

Manfried *Rauchensteiner*, Vom Limes zum „Ostwall" (Militärhistorische Schriftenreihe, H. 21, Wien ³1985).

Emmerich *Tálos*, Das austrofaschistische Herrschaftssystem. Österreich 1933–1938 (Politik und Zeitgeschichte 8, Wien/Berlin 2013).

Jeffrey *Verhey*, Der „Geist von 1914" und die Erfindung der Volksgemeinschaft (Hamburg 2000).

Karl *Vocelka*, Geschichte Österreichs. Kultur – Gesellschaft – Politik (München ⁶2002).

Hans-Erich *Volkmann* (Hg.), Das Rußlandbild im Dritten Reich (Köln/Weimar/Wien ²1994).

Petra *Weiß*, Bruck an der Leitha anno ´45. Kriegsende und Besatzungszeit am Beispiel einer niederösterreichischen Kleinstadt (Dissertation Universität Wien 1998).

Michael *Wildt*, Volk, Volksgemeinschaft, AfD (Hamburg 2017).

Michael *Wildt*, Volksgemeinschaft als Selbstermächtigung. Gewalt gegen Juden in der deutschen Provinz 1919 bis 1939 (Hamburg 2007).

## Beiträge in Herausgeberschaften

Frank *Bajohr*, Vom Herrschaftssystem zur Volksgemeinschaft. Der lange Weg zu einer Gesellschaftsgeschichte des Nationalsozialismus. In: Uwe *Danker*, Astrid *Schwabe* (Hg.), Die NS-Volksgemeinschaft. Zeitgenössische Verheißung, analytisches Konzept und ein Schlüssel zum historischen Lernen? (Beihefte zur Zeitschrift für Geschichtsdidaktik 13, Göttingen 2017) 23–36.

Leopold *Banny*, Der „Südostwall" im Bereich des Burgenlandes 1944/45. In: Stefan *Karner* (Hg.), Das Burgenland im Jahr 1945 (Beiträge zur Landes-Sonderausstellung 1985, Eisenstadt 1985) 111–118.

Ute *Bauer*, Vom Beginn der Aufbauarbeit bis zum Ende des Zweiten Weltkrieges. In: *Marktgemeinde Schattendorf* (Hg.), Schattendorf. Seine Geschichte und seine Menschen (Schattendorf 2003) 84–97.

Pia *Bayer*, Die Schüsse von Schattendorf 1927 im Spiegelbild der burgenländischen Presse. In: Norbert *Leser*, Paul *Sailer-Wlasits* (Hg.), 1927: als die Republik brannte. Von Schattendorf bis Wien (Wien/Klosterneuburg 2002) 163–192.

Josef *Bernhardt*, Volksschule und Schulwesen. In: *Marktgemeinde Schattendorf* (Hg.), Schattendorf. Seine Geschichte und seine Menschen (Schattendorf 2003) 186–192.

Josef *Bernhardt*, Karl *Bauer*, Kirchengeschichte. In: *Marktgemeinde Schattendorf* (Hg.), Schattendorf. Seine Geschichte und seine Menschen (Schattendorf 2003) 134–177.

Biografie Margarete Schmidl. In: *Marktgemeinde Schattendorf* (Hg.), Schattendorf. Seine Geschichte und seine Menschen (Schattendorf 2003) 232.

Henning *Borggräfe*, „Das Ziel der Partei ist, und das muss auch unser Ziel sein, die Volksgemeinschaft herzustellen" – Freizeitvereine in der nationalsozialistischen Gesellschaft. In: Detlef *Schmiechen-Ackermann*, Marlis *Buchholz*, Bianca *Roitsch*, Christiane *Schröder* (Hg.), Der Ort der ‚Volksgemeinschaft' in der deutschen Gesellschaftsgeschichte (Nationalsozialistische ‚Volksgemeinschaft'. Studien zu Konstruktion, gesellschaftlicher Wirkungsmacht und Erinnerung 7, Paderborn 2018) 182–192.

Herbert *Brettl*, Befreier und Besatzer. In: *Amt der Burgenländischen Landesregierung, Abteilung 7 – Landesmuseum* (Hg.), Russenzeit. Befreiung 1945 – Freiheit 1955 (Wissenschaftliche Arbeiten aus dem Burgenland 113, Eisenstadt 2005) 22–30.

Herbert *Brettl*, „Eine Kartoffel ist so selten wie ein Maria-Theresien-Taler...“ – der Bezirk Neusiedl am See im Jahre 1945. In: *Amt der Burgenländischen Landesregierung, Abteilung 7 – Kultur, Wissenschaft und Archiv* (Hg.), befreien – besetzen – bestehen. Das Burgenland von 1945–1955 (Burgenländische Forschungen 90, Eisenstadt 2005) 7–58.

Herbert *Brettl*, Siedlungs- und Wirtschaftsentwicklung im burgenländisch-westungarischen Raum. Bergbau, Industrie, Handel und Gewerbe nach 1921. In: *Amt der Burgenländischen Landesregierung, Abteilung 7 – Landesmuseum* (Hg.), Historischer Atlas Burgenland (Wissenschaftliche Arbeiten aus dem Burgenland 141, Eisenstadt 2011) 198–199.

Herbert *Brettl*, Siedlungs- und Wirtschaftsentwicklung im burgenländisch-westungarischen Raum. Landwirtschaft vor 1945. In: *Amt der Burgenländischen Landesregierung, Abteilung 7 – Landesmuseum* (Hg.), Historischer Atlas Burgenland (Wissenschaftliche Arbeiten aus dem Burgenland 141, Eisenstadt 2011) 206–207.

Herbert *Brettl*, Siedlung- und Wirtschaftsentwicklung im burgenländisch-westungarischen Raum. Fremdenverkehr in der Zwischenkriegszeit. In: *Amt der Burgenländischen Landesregierung, Abteilung 7 – Landesmuseum* (Hg.), Historischer Atlas Burgenland (Wissenschaftliche Arbeiten aus dem Burgenland 141, Eisenstadt 2011) 214–215.

Herbert *Dachs*, Schule in der „Ostmark“. In: Emmerich *Tálos*, Ernst *Hanisch*, Wolfgang *Neugebauer*, Reinhard *Sieder* (Hg.), NS-Herrschaft in Österreich. Ein Handbuch (Wien 2000) 446–466.

Uwe *Danker*, Astrid *Schwabe*, Das Konzept der NS-Volksgemeinschaft – ein Schlüssel zum historischen Lernen? Einführung und Reflexion. In: Uwe *Danker*, Astrid *Schwabe* (Hg.), Die NS-Volksgemeinschaft. Zeitgenössische Verheißung, analytisches Konzept und ein Schlüssel zum historischen Lernen? (Beihefte zur Zeitschrift für Geschichtsdidaktik 13, Göttingen 2017) 7–20.

Die Heimkehrer des Zweiten Weltkrieges. In: *Marktgemeinde Schattendorf* (Hg.), Schattendorf. Seine Geschichte und seine Menschen (Schattendorf 2003) 315.

Florian *Freund*, Hans *Safrian*, Die Verfolgung der österreichischen Juden 1938–1945. Vertreibung und Deportation. In: Emmerich *Tálos*, Ernst *Hanisch*, Wolfgang *Neugebauer*, Reinhard *Sieder* (Hg.), NS-Herrschaft in Österreich. Ein Handbuch (Wien 2000) 767–794.

Winfried R. *Garscha*, Entnazifizierung und gerichtliche Ahndung von NS-Verbrechen. In: Emmerich *Tálos*, Ernst *Hanisch*, Wolfgang *Neugebauer*, Reinhard *Sieder* (Hg.), NS-Herrschaft in Österreich. Ein Handbuch (Wien 2000) 852–883.

Alfred *Grafl*, Die politische Gemeinde. In: *Marktgemeinde Schattendorf* (Hg.), Schattendorf. Seine Geschichte und seine Menschen (Schattendorf 2003) 199–202.

Stefan *Grafl*, Sportverein Schattendorf (SVS). In: *Marktgemeinde Schattendorf* (Hg.), Schattendorf. Seine Geschichte und seine Menschen (Schattendorf 2003) 282–285.

Wolf *Gruner*, Das Dogma der ‚Volksgemeinschaft‘ und die Mikrogeschichte der NS-Gesellschaft. In: Detlef *Schmiechen-Ackermann*, Marlis *Buchholz*, Bianca *Roitsch*, Christiane *Schröder* (Hg.), Der Ort der ‚Volksgemeinschaft‘ in der deutschen Gesellschaftsgeschichte (Nationalsozialistische ‚Volksgemeinschaft‘. Studien zu Konstruktion, gesellschaftlicher Wirkungsmacht und Erinnerung 7, Paderborn 2018) 71–90.

Sascha *Howind*, Der faschistische Einheitstrick. Die Suggestion von Einheit und Gleichheit in der nationalsozialistischen ‚Volksgemeinschaft‘. In: Markus *Brunner*, Jan *Lohl*, Rolf *Pohl*, Sebastian *Winter* (Hg.), Volksgemeinschaft, Täterschaft und Antisemitismus. Beiträge zur psychoanalytischen Sozialpsychologie des Nationalsozialismus und seiner Nachwirkungen (Gießen 2011) 111–134.

Gerhard *Jagschitz*, Von der „Bewegung“ zum Apparat. Zur Phänomenologie der NSDAP 1938 bis 1945. In: Emmerich *Tálos*, Ernst *Hanisch*, Wolfgang *Neugebauer*, Reinhard *Sieder* (Hg.), NS-Herrschaft in Österreich. Ein Handbuch (Wien 2000) 88–122.

Johann *Karall*, Bürgermeister und Richter von Baumgarten. In: *Gemeinde Baumgarten* (Hg.), Baumgarten/Pajngrt. Der Ort. Die Geschichte. Die Menschen/Selo. Povijest. Ljudi (Baumgarten 2017) 324–330.

Erwin *Kurz*, Auswanderer aus Schattendorf. In: *Marktgemeinde Schattendorf* (Hg.), Schattendorf. Seine Geschichte und seine Menschen (Schattendorf 2003) 456–462.

Erwin *Kurz*, Freiwillige Feuerwehr Schattendorf. In: *Marktgemeinde Schattendorf* (Hg.), Schattendorf. Seine Geschichte und seine Menschen (Schattendorf 2003) 234–253.

Erwin *Kurz*, Juden in Schattendorf. In: *Marktgemeinde Schattendorf* (Hg.), Schattendorf. Seine Geschichte und seine Menschen (Schattendorf 2003) 447–449.

Erwin *Kurz*, Musikverein „Frisch auf" Schattendorf. In: *Marktgemeinde Schattendorf* (Hg.), Schattendorf. Seine Geschichte und seine Menschen (Schattendorf 2003) 258–277.

Ernst *Langthaler*, Eigensinnige Kolonien. NS-Agrarsystem und bäuerliche Lebenswelten 1938–1945. In: Emmerich *Tálos*, Ernst *Hanisch*, Wolfgang *Neugebauer*, Reinhard *Sieder* (Hg.), NS-Herrschaft in Österreich. Ein Handbuch (Wien 2000) 348–375.

Klaus-Dieter *Mulley*, Zur „Eindeutschung" des Burgenlandes. Juden, Kroaten und Magyaren zwischen Dissimilierung und Germanisierung 1938–1945. In: Stefan *Karner* (Hg.), Das Burgenland im Jahr 1945 (Beiträge zur Landes-Sonderausstellung 1985, Eisenstadt 1985) 133–148.

Nationalratswahlen von 1945 bis 1999. In: *Marktgemeinde Schattendorf* (Hg.), Schattendorf. Seine Geschichte und seine Menschen (Schattendorf 2003) 214.

Julia *Obertreis*, Oral History – Geschichte und Konzeption. In: Julia *Obertreis* (Hg.), Oral History (Basistexte Geschichte 8, Stuttgart 2012) 7–30.

Stefan *Pichler*, Die Geschichte der Gemeinde Baumgarten von 1848–1945. In: *Gemeinde Baumgarten* (Hg.), Baumgarten/Pajngrt. Der Ort. Die Geschichte. Die Menschen/Selo. Povijest. Ljudi (Baumgarten 2017) 54–81.

Leonhard *Prickler*, Zeittafel Burgenland 1945–1955. In: *Amt der Burgenländischen Landesregierung, Abteilung 7 – Landesmuseum* (Hg.), Russenzeit. Befreiung 1945 – Freiheit 1955 (Wissenschaftliche Arbeiten aus dem Burgenland 113, Eisenstadt 2005) 111–119.

Oliver *Rathkolb*, Besatzungspolitik und Besatzungserleben in Ostösterreich vom April bis August 1945. In: Manfried *Rauchensteiner*, Wolfgang *Etschmann* (Hg.), Österreich 1945. Ein Ende und viele Anfänge (Forschungen zur Militärgeschichte 4, Graz/Wien 1997) 185–206.

Oliver *Rathkolb*, Erste Republik, Austrofaschismus, Nationalsozialismus (1918–1945). In: Thomas *Winkelbauer* (Hg.), Geschichte Österreichs (Stuttgart 2015) 477–524.

Manfried *Rauchensteiner*, Das militärische Kriegsende im Burgenland. In: Stefan *Karner* (Hg.), Das Burgenland im Jahr 1945 (Beiträge zur Landes-Sonderausstellung 1985, Eisenstadt 1985) 97–110.

Walter *Sauer*, Loyalität, Konkurrenz oder Widerstand? Nationalsozialistische Kultuspolitik und kirchliche Reaktionen in Österreich 1938–1945. In: Emmerich *Tálos*, Ernst *Hanisch*, Wolfgang *Neugebauer*, Reinhard *Sieder* (Hg.), NS-Herrschaft in Österreich. Ein Handbuch (Wien 2000) 159–186.

Gerald *Schlag*, Burgenländische Politik in den Jahren 1934–1938 und 1945/46. In: Stefan *Karner* (Hg.), Das Burgenland im Jahr 1945 (Beiträge zur Landes-Sonderausstellung 1985, Eisenstadt 1985) 49–66.

Walter *Schneeberger*, Vom Frondienst zum Grundbesitz. Die Revolution 1848 und ihre Folgen. In: *Marktgemeinde Schattendorf* (Hg.), Schattendorf. Seine Geschichte und seine Menschen (Schattendorf 2003) 72–83.

Eduard G. *Staudinger*, Die Zigeuner im Burgenland 1938–1945. In: Stefan *Karner* (Hg.), Das Burgenland im Jahr 1945 (Beiträge zur Landes-Sonderausstellung 1985, Eisenstadt 1985) 149–164.

Martina *Steber*, Die Eigenkraft des Regionalen. Die ungeschöpften Potenziale einer Geschichte des Nationalsozialismus im kleinen Raum. In: Detlef *Schmiechen-Ackermann*, Marlis *Buchholz*, Bianca *Roitsch*, Christiane *Schröder* (Hg.), Der Ort der ‚Volksgemeinschaft' in der deutschen Gesellschaftsgeschichte (Nationalsozialistische ‚Volksgemeinschaft'. Studien zu Konstruktion, gesellschaftlicher Wirkungsmacht und Erinnerung 7, Paderborn 2018) 50–70.

Martina *Steber*, Bernhard *Gotto*, Volksgemeinschaft – ein analytischer Schlüssel zur Gesellschaftsgeschichte des NS-Regimes. In: Uwe *Danker*, Astrid *Schwabe* (Hg.), Die NS-Volksgemeinschaft. Zeitgenössische Verheißung, analytisches Konzept und ein Schlüssel zum historischen Lernen? (Beihefte zur Zeitschrift für Geschichtsdidaktik 13, Göttingen 2017) 37–47.

Barbara *Stelzl-Marx*, Olga *Pavlenko*, Alexander *Bezborodov*, Die Rote Armee in Österreich 1945–1955. In: Stefan *Karner*, Alexander *Tschubarjan* (Hg.), Österreich – Russland. Stationen gemeinsamer Geschichte (Veröffentlichungen des Ludwig-Boltzmann-Instituts für Kriegsfolgenforschung 18, Graz/Wien 2018) 173–202.

Dieter *Szorger*, Die Ernährungslage im Burgenland 1945–1955. In: *Amt der Burgenländischen Landesregierung, Abteilung 7 – Landesmuseum* (Hg.), Russenzeit. Befreiung 1945 – Freiheit 1955 (Wissenschaftliche Arbeiten aus dem Burgenland 113, Eisenstadt 2005) 57–69.

Emmerich *Tálos*, Sozialpolitik in der „Ostmark". Angleichung und Konsequenzen. In: Emmerich *Tálos*, Ernst *Hanisch*, Wolfgang *Neugebauer*, Reinhard *Sieder* (Hg.), NS-Herrschaft in Österreich. Ein Handbuch (Wien 2000) 376–408.

Emmerich *Tálos*, Von der Liquidierung der Eigenstaatlichkeit zur Etablierung der Reichsgaue der „Ostmark". Zum Umbau der politisch-administrativen Struktur. In: Emmerich *Tálos*, Ernst *Hanisch*, Wolfgang *Neugebauer*, Reinhard *Sieder* (Hg.), NS-Herrschaft in Österreich. Ein Handbuch (Wien 2000) 55–72.

Hans-Ulrich *Thamer*, ,Volksgemeinschaft' in der Debatte. Interpretationen, Operationalisierungen, Potenziale und Kritik. In: Detlef *Schmiechen-Ackermann*, Marlis *Buchholz*, Bianca *Roitsch*, Christiane *Schröder* (Hg.), Der Ort der ,Volksgemeinschaft' in der deutschen Gesellschaftsgeschichte (Nationalsozialistische ,Volksgemeinschaft'. Studien zu Konstruktion, gesellschaftlicher Wirkungsmacht und Erinnerung 7, Paderborn 2018) 27–36.

Gert *Tschögl*, Identitätsstiftende Bilder – Der Staatsvertrag. In: *Amt der Burgenländischen Landesregierung, Abteilung 7 – Landesmuseum* (Hg.), Russenzeit. Befreiung 1945 – Freiheit 1955 (Wissenschaftliche Arbeiten aus dem Burgenland 113, Eisenstadt 2005) 48–53.

Gert *Tschögl*, Lange Schatten. In: *Amt der Burgenländischen Landesregierung, Abteilung 7 – Landesmuseum* (Hg.), Russenzeit. Befreiung 1945 – Freiheit 1955 (Wissenschaftliche Arbeiten aus dem Burgenland 113, Eisenstadt 2005) 42–47.

Fritz *Weber*, Zwischen abhängiger Modernisierung und Zerstörung. Österreichs Wirtschaft 1938–1945. In: Emmerich *Tálos*, Ernst *Hanisch*, Wolfgang *Neugebauer*, Reinhard *Sieder* (Hg.), NS-Herrschaft in Österreich. Ein Handbuch (Wien 2000) 326–347.

Gabriele *Weber-Grasl*, Roma in Schattendorf. In: *Marktgemeinde Schattendorf* (Hg.), Schattendorf. Seine Geschichte und seine Menschen (Schattendorf 2003) 444–446.

Wolfgang *Weisgram*, Von der toten Grenze in die Mitte Europas. Der Weg Schattendorfs von 1945 bis heute. In: *Marktgemeinde Schattendorf* (Hg.), Schattendorf. Seine Geschichte und seine Menschen (Schattendorf 2003) 98–115.

Michael *Wildt*, Die Ungleichheit des Volkes. „Volksgemeinschaft" in der politischen Kommunikation der Weimarer Republik. In: Frank *Bajohr*, Michael *Wildt* (Hg.), Volksgemeinschaft. Neue Forschungen zur Gesellschaft des Nationalsozialismus (Frankfurt am Main 2009) 24–40.

Hans Peter *Zelfel*, Wo das Burgenland Burgenland blieb. Zur Geschichte der katholischen Kirche. In: Stefan *Karner* (Hg.), Das Burgenland im Jahr 1945 (Beiträge zur Landes-Sonderausstellung 1985, Eisenstadt 1985) 255–268.

Hannes *Zimmermann*, Oral History im Burgenland – Grundsatzüberlegungen und erste Ansätze. In: Stefan *Karner* (Hg.), Das Burgenland im Jahr 1945 (Beiträge zur Landes-Sonderausstellung 1985, Eisenstadt 1985) 285–291.

## Beiträge in Zeitschriften und Zeitungen

Ute *Bauer*, Die Russenzeit in Schattendorf. In: Aus der Pforte. Geschichte – Brauchtum – Kultur 2 (2005) 21–31.

Michael *Hess*, Kriegsgefangenschaft und Heimkehr. In: Aus der Pforte. Geschichte – Brauchtum – Kultur 12 (2010) 13–26.

Ian *Kershaw*, „Volksgemeinschaft". Potenziale und Grenzen eines neuen Forschungskonzepts. In: Vierteljahreshefte für Zeitgeschichte 1 (2011) 1–17.

Ute *Leonhardt*, Frau Frieda Jeszenkowitsch im Interview. In: Aus der Pforte. Geschichte – Brauchtum – Kultur 11 (2009) 19–24.

Tobias *Mindler*, „Organ für das gesamte Volksinteresse". Die Presse und ihre Journalisten im Gebiet des heutigen Burgenlandes von 1938 bis 1945. In: Burgenländische Heimatblätter 70 (2008) 40–55.

Hans *Mommsen*, Amoklauf der „Volksgemeinschaft"? Kritische Anmerkungen zu Michael Wildts Grundkurs zur Geschichte des Nationalsozialismus. In: Neue politische Literatur 53, H. 1 (2008) 15–20.

Walter *Rossmann*, Befreit? – Wovon? In: Aus der Pforte. Geschichte – Brauchtum – Kultur 2 (2005) 17–20.

Dominik *Schreiber*, Kid *Möchel*, „Demokratiegefährdendes Klima". In: Kurier (15. 8. 2019) 15.

Janosch *Steuwer*, Was meint und nützt das Sprechen von der ‚Volksgemeinschaft'? Neuere Literatur zur Gesellschaftsgeschichte des Nationalsozialismus. In: Archiv für Sozialgeschichte 53 (2013) 487–534.

## Ungedruckt

Franz *Alram*, Chronik von Schattendorf (ungedr. 1974/1986).

## Internet

Bevölkerungsentwicklung 1869–2019, online unter https://www.statistik.at/blickgem/G0201/g10612.pdf (25. 7. 2019).

Rudolf *Gabriel*, Wochenzeitung „Freies Burgenland", 18. 11. 2015, online unter http://www.kpoe.at/kommunal/2016/wochenzeitung-quot-freies-burgenland-quot (28. 1. 2020).

# Abbildungsverzeichnis

# Anhang: Interviewleitfaden Oral History

Erzählen Sie doch etwas von Ihrer Kindheit. Wie sah Ihr typischer Alltag aus?

Wie würden Sie Ihre damalige Gefühlslage beschreiben, als Österreich in das Deutsche Reich eingegliedert wurde? Hatten sich nach Hitlers Machtübernahme wirtschaftliche Verbesserungen abgezeichnet?

Wie hatte sich das Freizeitleben nach dem „Anschluss" 1938 verändert?

Können Sie Ihren damaligen typischen Schulalltag beschreiben? Hatte sich im Laufe der Zeit der Schulunterricht verändert?

Sind Sie in Ihren jungen Jahren in die Kirche gegangen? Waren Ihre Eltern recht gläubig?

Was sagt Ihnen die Phrase „Ein Volk, ein Reich, ein Führer"? Was verbinden Sie mit dem Begriff ,Volksgemeinschaft'?

Können Sie sich an politische Veranstaltungen und Aufmärsche von NS-Unterorganisationen (HJ, BDM) erinnern? Wie sahen diese aus?

Wie war die generelle Einstellung der Dorfbevölkerung gegenüber den Juden? Können Sie sich während der Kriegsjahre an gewisse Ausschreitungen erinnern? An Verfolgungen?

Wie würden Sie den Kriegsalltag beschreiben? Inwiefern hatte der Krieg Auswirkungen auf das Dorf (z.B. Nahrung)?

Wie würden Sie die täglichen Aufgaben der Frauen und Mädchen beschreiben?

Welche Erinnerungen haben Sie an die Schanzarbeiten (Südostwall)?

Wie haben Sie das Kriegsende und den Einmarsch der Sowjets in Schattendorf erlebt? Wie gestaltete sich das Zusammenleben mit den sowjetischen Besatzern?

Welches Bild hatte man im Allgemeinen von den „Russen"? Wurde in der Schule ein bestimmtes Russenbild vermittelt?

Herrschte das Gefühl einer Befreiung durch die Sowjets 1945?

Was fällt Ihnen zur Unterzeichnung des Staatsvertrages 1955 ein?

## BEITRÄGE ZUR NEUEREN GESCHICHTE ÖSTERREICHS

Die "Beiträge zur Neueren Geschichte Österreichs" verfolgen das Ziel, ein lebendiges Bild der österreichischen Vergangenheit innerhalb eines Zeitrahmens von etwa 1500 bis zur Gegenwart zu zeichnen. Demzufolge erstrecken sich die Arbeiten nicht nur auf das heutige Österreich, sondern auch auf die einstige Monarchie und ihre Nachfolgestaaten. Der Intention des Herausgebers entsprechend werden die Monographien bzw. Aufsatzsammlungen inhaltlich und methodisch nicht nur dem aktuellen Forschungsstand entsprechen, sondern auch neue Perspektiven eröffnen. Die Autoren sind qualifizierte Historiker, denen hier die Möglichkeit geboten wird, ihre Untersuchungen dem interessierten Publikum vorzustellen.

Herausgegeben von Bertrand Michael Buchmann

Band 1    Konrad Jekl: Auf den Spuren der Republik Österreich. Aufsätze zur österreichischen Zeitgeschichte. 1995.

Band 2    Doris Fuchs: Bruno Kreisky in der Karikatur. 1995.

Band 3    Daniela Claudia Angetter: Dem Tod geweiht und doch gerettet. Die Sanitätsversorgung am Isonzo und in den Dolomiten 1915–18. 1995.

Band 4    Susanne Fröhlich: Strichfassungen und Regiebücher. Kulturpolitik 1888–1938 und Klassikerinszenierungen am Wiener Burg- und Volkstheater. 1996.

Band 5    Walter Blasi: Vom Fin de siècle bis zur Ära Kreisky. Erlebte Österreichische Geschichte am Beispiel des Jaromir Diakow. 1996.

Band 6    Hanns A. Faber: Modena – Austria. Das Herzogtum und das Kaiserreich von 1814 bis 1867. 1996.

Band 7    Bernhard Hackl: Die Theresianische Dominikal- und Rustikalfassion in Niederösterreich 1748-1756. Ein fiskalischer Reformprozeß im Spannungsfeld zwischen Landständen und Zentralstaat. 1997.

Band 8    Rudolf Fuchs: Die Wiener Stadtbank. Ein Beitrag zur österreichischen Finanzgeschichte des 18. Jahrhunderts. 1998.

Band 9    Eva Macho: Joseph II. – Die *Condemnatio ad poenas extraordinarias*. Schiffziehen und Gassenkehren. 1999.

Band 10    Angelika Plank: Akademischer und schulischer Elementarzeichenunterricht im 18. Jahrhundert. 1999.

Band 11    Bernhard Hackl: Die Theresianische Steuerrektifikation in Ober- und Innerösterreich. 1747–1763. Die Neuordnung des ständischen Finanzwesens auf dem Sektor der direkten Steuern als ein fiskalischer Modernisierungsprozeß zwischen Reform und Stagnation. 1999.

Band 12    Georg Christoph Fernberger: Reisetagebuch (1588-1593). Sinai, Babylon, Indien, Heiliges Land, Osteuropa. Lateinisch-Deutsch. Kritische Edition und Übersetzung von Ronald Burger und Robert Wallisch. 1999.

Band 13    Martina Lehner: Reise ans Ende der Welt (1588-1593). Studie zur Mentalitätengeschichte und Reisekultur der Frühen Neuzeit anhand des Reisetagebuches von Georg Christoph Fernberger von Egenberg. 2001.

Band 14    Lucia Angelmaier: Wohltätigkeitsvereine in Triest. Private Initiativen gegen die Armut im Zeitalter der österreichisch-ungarischen Monarchie. 2000.

Band 15    Helga Skvarics: Volksfrömmigkeit und Alltagskultur. Zum Stiftungsgeschehen Wiener Neustädter Bürger im Spätmittelalter und in der frühen Neuzeit (14. Jh.–16. Jh.). 2000.

www.peterlang.de